Esoteria

Cómo descubrir sus vidas anteriores

TED ANDREWS

CÓMO DESCUBRIR SUS VIDAS ANTERIORES

Guía práctica

LLEWELLYN
ESPAÑOL

LLEWELLYN
ESPAÑOL

Llewellyn Worldwide P.O. Box 64383-022,
St. Paul, MN 55164-0383, EU

Título original: *How to Uncover Your Past Lives*
Traducción: Ángela García
Cubierta: *ANT 63* de Yves Klein
          diseño de Juan Carlos Villamizar
Ilustración de la Rueda de la fortuna del tarot Raider-Waite^{tm},
reproducido por permiso de U.S. Games Systems, Inc., Stamford,
CT 06902 EU. © 1971, U.S. Games Systems, Inc. Su reproducción es prohibida
El tarot Raider-Waite^{tm} es una marca registrada de U.S. Games Systems, Inc.

Primera edición en español: enero de 1995

ISBN 0 87542 916 5

Edición, armada electrónica,
impresión y encuadernación:
Tercer Mundo Editores

Impreso y hecho en Colombia
Printed and made in Colombia

Contenido

Contenido

Para mi familia, mis amigos
y mis estudiantes, sobre todo
mi familia especial de Columbus
por su apoyo, amistad y cálido humor.

Vocatus atque non vocatus, Deus aderat.

1

¿Qué es la reencarnación?

Es posible que nunca podamos probar que hemos vivido antes. Incluso si somos capaces de producir nombres, fechas y sitios, eso no prueba que hayamos vivido en esas épocas y lugares. Entonces, ¿por qué escribir un libro sobre cómo descubrir vidas anteriores? Porque, inclusive sin pruebas concluyentes, la exploración de existencias pasadas reporta beneficios enormes para el enriquecimiento personal, la sanación y el autoconocimiento.

El término reencarnación tiene significados diferentes para cada persona. Es una teoría, una filosofía, un sistema de creencias y una forma de vida. Esclarece muchas de las ocurrencias inexplicadas de la vida. Brinda una explicación sobre las desigualdades y el sufrimiento. Nos permite percibir mejor nuestras numerosas diferencias individuales.

Más importante aún, la reencarnación provee un modelo de comportamiento y vida basado en la responsabilidad personal. Este libro le ayudará a entender que usted es dueño de su propio destino. Le enseñará que usted es hoy el resultado de su pasado, y que el mañana está determinado por la forma en que vive hoy.

A muchas personas esta noción puede resultarles atemorizante, pues echa al traste todos esos diablos, demonios y demás chivos expiatorios de los que nos valemos para explicar las condiciones de nuestras vidas. Pero es, al propio tiempo, una experiencia muy emocionante, pues nos permite comprender que realmente podemos escribir el libreto de nuestras vidas.

Este libro le ayudará a explorar sus vidas pasadas y darse cuenta de que estas han contribuido a configurarlo y a moldearlo hasta convertirlo en lo que es en la actualidad. Comenzará a entender que usted es una síntesis de todo lo que ha sucedido antes. A medida que esta convicción se fortalezca mediante el descubrimiento de sus vidas pasadas, su habilidad para controlar y reconfigurar su vida también aumentará. Se volverá más activo en todos los procesos vitales. En lugar de sentarse con los brazos cruzados y permitir que los sucesos simplemente ocurran sobre usted, podrá verlos desde una nueva y adecuada perspectiva, y actuar de acuerdo con ello. Ya no tendrá que darse golpes contra la pared y gritar: "¿Por qué siempre me pasa lo mismo? ¿Por qué siempre me encuentro con el mismo tipo de personas y de situaciones?". Este libro le ayudará a percibir patrones de vida más amplios de acuerdo con sus propias circunstancias individuales.

Literalmente, reencarnación significa el retorno al cuerpo físico. Es la creencia de que el alma, en el momento de la muerte, sale de un cuerpo y comienza a prepararse para regresar a la vida con otra forma física. Las circunstancias de ese retorno —el entorno y demás— son determinadas por el crecimiento y el progreso alcanzados en las vidas previas. Cada personalidad que se adquiere es una síntesis de lo que ha ocurrido antes, y el renacimiento se presenta en un entorno que le permita al individuo desarrollarse y evolucionar, de modo que pueda obtener el máximo de beneficios. Así, mientras mejor vivamos nuestras vidas, más benéficas serán nuestras circunstancias de renacimiento.

En algunos lugares del mundo se enseña que el alma podría regresar como cualquier cosa dentro de lo físico: desde un árbol hasta un insecto u otra forma humana, pero con frecuencia como un animal. Un ejemplo de ello lo encontramos en la tradición zulú africana, como explican Sylvia Cranston y Carey Williams en su libro *Reincarnation–A New Horizon in Science, Religion and Society* (Julian Press; Nueva York, 1984; págs. 164-166):

Dentro del cuerpo hay un alma: dentro del alma está una chispa de Itango, el espíritu universal. Cuando muere el cuerpo, Idhozi (el alma) permanece durante un tiempo cerca de este y luego parte hacia Esilweni, el lugar de las bestias. En Esilweni el alma asume una forma en parte bestia y en parte humana, antes de elevarse más alto... De acuerdo con la fuerza de su naturaleza animal, el alma desecha su forma de bestia y avanza hacia un lugar de descanso. Allí duerme, hasta que llega un momento en que sueña que algo por hacer y aprender lo aguarda en la tierra; entonces despierta y regresa a la tierra y nace de nuevo como niño. El alma repite este proceso hasta que se convierte en uno con el Itango (el espíritu universal).

El hecho de asumir una forma en parte bestia es diferente de entrar al cuerpo de una bestia, y lo cierto es que esta noción se parece a las enseñanzas orientales del *bardo* e incluso a algunas enseñanzas sobre el purgatorio, en donde la naturaleza animal debe ser desechada antes de que el alma purificada pueda ascender al cielo. Los videntes aseguran haber visto seres humanos que han partido de este mundo portando el ropaje de los animales que corresponden a su naturaleza terrestre. Esto pudo haberse interpretado erróneamente como la creencia de que los humanos encarnan en animales.

Este libro abordará la teoría de la reencarnación exclusivamente a nivel humano; es decir, el alma encarnándose en otro cuerpo humano. Sólo se suministrará un esquema básico, que le permitirá a los lectores iniciar sus propios procesos exploratorios. La obra de ningún modo pretende explorar todas las implicaciones filosóficas y teóricas del proceso de reencarnación.

Una encarnación es un período de existencia dentro de un cuerpo. Es sólo la mitad de un ciclo de desarrollo. El ciclo de desarrollo completo es el lapso transcurrido entre un nacimiento en el plano físico y el siguiente renacimiento. La mitad de este período abarca desde el instante de la concepción hasta la transición física que llamamos muerte. A veces se le llama la fase mundana o física. La otra mitad es el lapso comprendido entre el instante de la muerte y el momento del renacimiento. A veces se le conoce como el ínterin cósmico o espiritual.

La fase mundana comienza en el instante de la concepción. En este momento, la conciencia del alma entrante comienza a alinearse con el huevo fertilizado. Como la energía del alma es tan dinámica e intensa, no puede integrarse por completo con el vehículo en desarrollo de modo inmediato. Utiliza los nueve meses de embarazo para desacelerar su intensidad vibracional de tal forma que, más o menos en el momento del nacimiento, se pueda integrar completamente con el feto. La conciencia del alma se va alineando con intensidad cada vez mayor durante todo el embarazo. (Este misterio y el de la transición de la muerte, junto con sus roles en la evolución del alma, serán explorados en más detalle en el capítulo 5).

El ínterin cósmico o espiritual comienza en el momento de la transición que llamamos muerte. Una de las preguntas que más suele formular la gente es qué sucede durante ese período intermedio entre las encarnaciones. Este período le permite al alma recuperarse, evaluar y asimilar las experiencias de la vida anterior, y prepararse para la siguiente. Debemos recordar siempre que nuestro mayor y más intenso aprendizaje se produce a través de nuestras experiencias de vida física. Estas experiencias, grandes y pequeñas, deben ser asimiladas y colocadas en la perspectiva apropiada.

El ínterin espiritual permite al alma refrescarse luego de la intensidad de la vida física. Deja que el alma y esas experiencias de la vida física sean iluminadas por la mente divina. Fortalece las facultades del alma y la prepara para regresar a la tierra y resolver cualquier problema que aún persista, al tiempo que confronta nuevas enseñanzas para agregar a su crecimiento global. Las preparaciones que determinan la época, el lugar y las condiciones ideales para que esto ocurra toman algún tiempo.

Nuestra verdadera
esencia espiritual

Nuestra verdadera esencia disminuye el ritmo de su intensidad vibracional por etapas, a fin de poder integrarse al vehículo físico sin quemarlo. Estas etapas son los cuerpos sutiles, bandas de energías que la esencia moldea en torno al cuerpo de modo que pueda integrarse mejor al vehículo físico que se está desarrollando.

Por su parte, la conciencia se conecta con lo físico

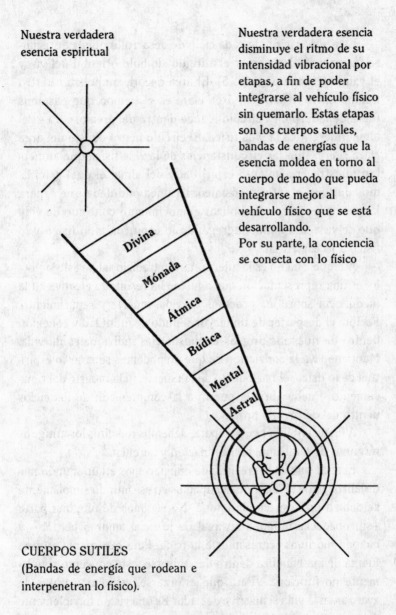

Divina

Mónada

Átmica

Búdica

Mental

Astral

CUERPOS SUTILES
(Bandas de energía que rodean e interpenetran lo físico).

EL PROCESO DE ENCARNACIÓN

Esta separación de cada ciclo de desarrollo puede apreciarse fácilmente al observar el antiguo símbolo oriental del yin y el yang (véase la página 15). El área oscura simboliza nuestro tiempo en lo físico, y el área clara es el tiempo que pasamos fuera del cuerpo. El círculo blanco dentro del área oscura es el alma inherente a la vida física. El círculo negro dentro del área clara representa las circunstancias de la vida física que aumentan nuestro crecimiento espiritual y del alma, el cual asimilamos durante el ínterin cósmico. La línea ondulada que separa las dos fases puede simbolizar el movimiento continuo de vida que se va acumulando, agregando lo espiritual a lo físico y lo físico a lo espiritual.

Aunque esta no es la interpretación tradicional de este símbolo, es una representación que a mí me ha resultado efectiva en la meditación sobre los procesos de vida, muerte y renacimiento. Facilita el despertar de un mayor sentido de infinidad y conexión dentro de nuestras propias circunstancias individuales de vida. Mantiene viva la convicción de que no podemos separar lo espiritual de lo físico, el nacimiento de la muerte, ni la muerte del renacimiento. Puede abrir la puerta a la comprensión de los ciclos dentro del desarrollo propio.

A fin de entender cómo opera, debemos redefinir los antiguos términos de fatalismo, predestinación y herencia.

El fatalismo es la creencia de que nacemos en un mundo materialista y que el lugar que ocupamos en ese mundo simplemente se debe a una especie de lotería. No venimos de ninguna parte —sin obedecer ninguna ley real de justicia, amor o perdón— y cuando morimos regresamos a la nada. Para quien crea en una fuerza divina benéfica dentro del universo, este concepto simplemente no funciona. ¿Para qué esforzarse, estudiar y tratar de avanzar en la vida si no sirve de nada? Es una visión terriblemente deprimente de la vida.

UN SÍMBOLO DE REENCARNACIÓN

En este antiguo símbolo oriental podemos apreciar los misterios de la reencarnación. El lado negro es esa mitad del ciclo de desarrollo que pasamos en el plano físico, y el lado blanco es la mitad que pasamos en el plano espiritual. Juntos constituyen un ciclo de crecimiento. Sin embargo, siendo un círculo, no tiene fin. Un ciclo siempre se convierte en el siguiente. Nuestro crecimiento y desarrollo nunca cesan.

La predestinación es la creencia de que, por decreto de algún dios o de las fuerzas divinas del universo, algunos humanos y ángeles están predestinados al éxito y a la vida eterna, mientras que otros están condenados a una muerte permanente. Esta también es una concepción terriblemente pesimista de la vida. ¿Y qué fuerza divina verdadera actuaría de semejante modo tan humano y arbitrario?

Esta idea de la predestinación se alterará un poco cuando examinemos, en el capítulo 2, cómo actúan las leyes del karma y de la compensación dentro del proceso de reencarnación. Lo que esperamos mostrar en este libro es que la forma en que vivimos nuestras vidas ahora da la pauta de lo que experimentaremos en el futuro. Nos predestinamos a nosostros mismos, para lo bueno, lo malo o lo indiferente. No podemos culpar de ello a alguna fuerza divina distante. Nosotros escribimos el libreto, y representamos las partes de el libreto que hemos escrito.

¿Cómo, entonces, se explica la herencia en el proceso de reencarnación? Tradicionalmente, la herencia es la creencia de que somos tan sólo un producto de nuestros padres, con rasgos genéticamente transmitidos. Para los defensores modernos de la reencarnación, esta es sólo una respuesta parcial. En efecto, la genética influye, en el sentido de que le confiere al individuo una predisposición a ciertos rasgos y características. Sin embargo, quienes creen en la reencarnación piensan que esto no siempre sucede por azar. Según lo que quizá tengamos que aprender en el plano del alma, como resultado de lo que hemos hecho en el pasado, escogemos padres y entornos que puedan darnos esta predisposición.

Lo que debemos recordar es que siempre existe una variable libre en el proceso. No podemos saber todo lo que va a desarrollarse. No podemos controlar todos los elementos de nuestro renacimiento y su entorno. Tendremos libre albedrío, como también lo tendrán todos los demás habitantes del planeta. Podemos escoger y determinar el esquema de nuestras circunstancias de vida, pero los detalles dentro de ese esquema pueden ser completamente distintos de lo que habíamos anticipado. Una vez entramos en el plano físico, las cosas no están predestinadas. El alma escoge circunstancias que espera le facilitarán un mayor crecimiento y desarrollo, pero no todos los elementos de ese renacimiento son controlables.

Yo creo que el alma sabe esto en algún nivel y escoge circunstancias de nacimiento que espera lo orienten hacia un crecimiento positivo. Como algunas cosas no son previsibles, es posible que precise realizar algunos cambios. Pero incluso así reconoce que habrá oportunidades de crecimiento.

Uno de los argumentos más corrientes que se esgrimen en contra de la reencarnación es el relacionado con las víctimas de abuso infantil. ¿Acaso fueron personas que abusaron de niños en una vida anterior? ¿Qué van a aprender en tales circunstancias? ¿Por qué un alma se colocaría a sí misma en una situación semejante? Infortunadamente, aquí es donde entra esa variable del libre albedrío.

El estudio de la reencarnación y de las vidas pasadas puede ayudarnos a percibir patrones que trascienden lo inmediato. Puede ayudarnos a ser más responsables en nuestras opciones, ya se trate de la decisión de tener un hijo o la de comportarse de determinada manera. Antes de que podamos cambiar un comportamiento efectivamente, tenemos que desenterrar sus raíces. Debemos comenzar a entender que nuestra vida física es sólo una fracción en la vida del alma. Tenemos que comprender que nuestra personalidad actual es una síntesis de todas las personalidades que hemos tenido y desarrollado en nuestras otras vidas. Manifestamos una personalidad que se está desarrollando, pero esta es un agregado de los elementos esenciales de todas las personalidades anteriores [1]. Vivimos y nos expresamos en un número infinito de momentos siempre cambiantes. Todos están conectados, pero cada uno también es único.

Reencarnamos para poder estructurar el carácter de nuestras personalidades en un mayor y más alto grado, de modo que podamos unirlas íntegra y armónicamente con el alma. A través de esta unión y de este desarrollo aprendemos a expresar las energías y la fuerza del alma. Tenemos la oportunidad de convertirnos en maestros de la evolución, individuos co-creadores en el mundo a través de los poderes del amor y la voluntad.

Ejercicio:
¿Ha experimentado vidas pasadas?

La siguiente lista de preguntas tiene como objetivo ayudarle a abrir su mente a la posibilidad de las experiencias de vidas pasadas. Son preguntas corrientes que si se contestan afirmativamente pueden explicarse mediante la reencarnación. Aunque también caben otras explicaciones, pueden suministrar pistas de posibles existencias anteriores. Mantenga abierta la mente.

1. ¿Hay lugares que siempre ha soñado visitar?
2. ¿Hay lugares que nunca querría visitar?
3. Cuando estudiaba historia, ¿había períodos históricos con los cuales sentía mayor afinidad y que disfrutaba más aprendiendo?

1   En el fenómeno conocido como personalidades múltiples, se están realizando experimentos e investigaciones desde una perspectiva de vidas pasadas. Se cree que el trauma del abuso, muy común en quienes sufren de este trastorno, fragmenta esa personalidad sintetizada. Así, por cada situación difícil que se plantea, ocurre una nueva fragmentación y surge una personalidad de una vida anterior. Esta personalidad suele corresponder a alguna capaz de manejar esa situación en particular.

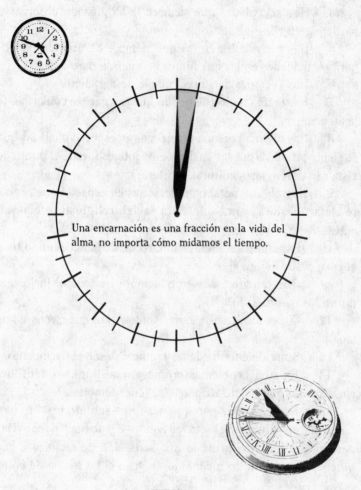

Una encarnación es una fracción en la vida del alma, no importa cómo midamos el tiempo.

TIEMPO

El tiempo adquiere una significación diferente cuando se examina desde la perspectiva de la reencarnación y las vidas pasadas. Una encarnación es sólo una fracción de nuestra verdadera vida. Intentamos medir el tiempo de didstintas formas: segundos, minutos, horas y años, pero todas estas medidas se orientan hacia una sola encarnación. ¿Cuándo miraremos más allá?

4. ¿Hay actividades que siempre le ha gustado observar o participar en ellas?

5. ¿Hay actividades en las que siempre ha querido participar? ¿Actividades en las que nunca ha querido participar?

6. ¿Hay regiones de su país que le desagraden?

7. ¿Existe una región de su país que le llame particularmente la atención?

8. ¿Hay alguna persona o personas en especial hacia las que se siente atraído o por las cuales siente interés (desde el punto de vista racial, religioso, cultural, etcétera)?

9. ¿Hay alguna persona o personas en especial que procure evitar (desde el punto de vista racial, religioso, social, etcétera)?

10. ¿Experimenta temores que recuerde haber sentido toda la vida, desde la niñez?

11. ¿Qué talentos sabe que siempre ha tenido, incluso si nunca los ha utilizado?

12. ¿Cuáles son sus alimentos favoritos? ¿Los que menos le gustan?

13. ¿Sufre de enfermedades crónicas desde el nacimiento?

14. ¿Existen problemas crónicos, cuestiones o actitudes emocionales que puede atribuir a su niñez temprana?

15. ¿Hay personas con quienes se ha sentido instantáneamente a gusto, incluso si sólo las conoce desde hace poco? ¿Hay personas que le han causado una sensación de rechazo o con quienes se ha sentido incómodo, incluso si las acaba de conocer?

16. ¿Alguna vez ha experimentado una sensación de *déjà vu*? (*Déjà vu* es una expresión francesa que significa "ya visto". Es la experiencia de reconocer un escenario, una calle, una casa, etcétera, como algo curiosamente familiar, pese a no haberlo visto nunca antes).

17. Los niños pequeños muchas veces ofrecen evidencia espontánea de vidas anteriores [2]. Con frecuencia mencionan otros hogares y otras relaciones con las personas que los rodean. Estas expresiones suelen ser casuales y se dan como un hecho. ¿Hizo usted esto de niño? ¿Ha escuchado a otros niños hacerlo?

18. ¿Puede ver cómo la posibilidad de vidas pasadas explicaría el fenómeno de niños prodigio?

19. ¿Alguna vez ha tenido sueños recurrentes de un lugar o época determinados? (Los sueños que reflejan vidas pasadas suelen ser recurrentes y son de un realismo vívido). ¿Alguna vez ha hablado una lengua desconocida en un sueño? ¿Los personajes y el escenario son del pasado? ¿Hay algún elemento anacrónico en un escenario moderno, por ejemplo prendas de vestir, herramientas u otros objetos del pasado?

20. ¿Ha tenido alguna vez una experiencia por fuera del cuerpo, ya sea consciente o inconscientemente? ¿O una experiencia cercana a la muerte? ¿Qué podrían enseñarle estas sobre la posibilidad de la vida después de la muerte y el renacimiento?

---

[2] Estas expresiones en niños son más confiables que en los adultos. En el caso de los adultos, existe una mayor posibilidad de que reflejen información a la cual el adulto ha sido expuesto pero simplemente ha olvidado. En los niños pequeños esto es mucho menos probable, lo mismo que la posibilidad de que se trate tan sólo de una imaginación hiperactiva.

2

Despertar antiguos conocimientos
sobre vidas pasadas

*U*na de las críticas más corrientes que suelen formular quienes no aceptan ni creen en la reencarnación es que "todo el mundo parece haber sido famoso o atractivo en una vida anterior". La mayor parte de los seguidores de la reencarnación y las vidas pasadas no hacen tales aseveraciones. Desde luego, hay quienes sí las hacen, e infortunadamente estos son los que llaman la atención. Aun hoy, no es extraño encontrar a varias personas que aseguran haber sido alguna vez Merlín, Nefertiti, o el rey Arturo.

Por supuesto, esa posibilidad existe en unos pocos casos extraordinarios. Sin embargo, es mucho más probable que nunca sepamos quiénes son estos personajes históricos en la actualidad, si es que viven en la actualidad. Por el contrario, casi todas las vidas pasadas son aburridoras. No todos recordarán existencias famosas. Nuestro mayor crecimiento se produce a través de las vidas en las que aprendemos las posibilidades creativas dentro de las limitaciones de esas circunstancias.

Es fácil dejarse llevar en exceso por el atractivo y la curiosidad de saber quiénes fuimos. El descubrimiento de vidas pasadas puede ser emocionante, pero debemos cuidarnos de no fabricar existencias dramáticas y glamorosas como una forma de compensar nuestras circunstancias de vida actuales. Debemos ser pragmáticos. En la exploración de vidas pasadas, es menos importante poder demostrar quiénes fuimos que aprender cómo esa vida o serie de vidas están influyendo actualmente sobre nosotros.

Recuerde que los nombres y las fechas, incluso si se demuestra que son auténticos e históricamente correctos, no necesariamente prueban la reencarnación. Tampoco prueban que usted fue el individuo que vivía en esa época. Si esa información intensifica nuestra conciencia, ya de suyo ha servido un propósito. La reencarnación sólo tiene sentido cuando la percibimos y la experimentamos como un proceso evolucionario en espiral, y no como una simple recurrencia cíclica.

El conocimiento de vidas pasadas puede ayudarle a incursionar en nuevas profundidades dentro de su propia composición sicológica. Puede darle una mayor percepción sobre sus circunstancias actuales. Por lo demás, no todas las personas se benefician con ello. Algunas no deben malgastar su tiempo. Sus problemas tienen más que ver con causas en la vida actual que con el pasado. Así mismo, hay personas que han alcanzado un determinado nivel en sus propias evoluciones y han desarrollado disciplinas espirituales lo bastante fuertes para iluminarlos y fortalecerlos cada vez más. En estos casos, el conocimiento de las vidas pasadas es irrelevante.

Recuerde también que no es indispensable estar consciente de las leyes de la evolución, la reencarnación y el karma para autorrealizarse y crecer. Cualquier ser humano que viva de conformidad con la regla dorada de "hacer a los demás" y que trate de cumplir sus deberes y obligaciones en la vida lo más creativamente posible, está haciendo lo que de todas maneras se supone que debe hacer. Una vida así automáticamente brindará oportunidades para superar las influencias del pasado y sembrar semillas poderosas para el futuro.

Existen numerosas teorías acerca de la fuente de información sobre vidas pasadas. Una de ellas es que tenemos una serie de vidas, cada una de las cuales añade a nuestro crecimiento y desarrollo globales; toda la información proveniente de esas existencias anteriores está almacenada en un banco de conocimientos ubicado en un plano profundo de la mente. Otra teoría es que todos somos multidimensionales. Según esto, uno está viviendo todas sus vidas a un mismo tiempo, pero está más conscientemente enfocado en la actual. La información sobre vidas pasadas proviene de la conexión con esas otras dimensiones del propio ser que han escogido diferentes momentos y escenarios para aprender lecciones específicas.

Una tercera teoría sobre el origen del conocimiento acerca de vidas pasadas es que nuestro propio subconsciente traduce nuestra situación, nuestras actitudes, los sucesos y las personas actuales a un escenario que nos permitirá percibirlos más objetivamente y comprenderlos mucho mejor. De acuerdo con esta teoría, la vida anterior revelada es una reinterpretación intuitiva y creativa del presente.

Según otra teoría, nuestra propia alma individual es parte de un alma superior más grande e importante. Puede haber millones de almas sobre la tierra que forman parte de esta misma alma superior. Cuando logramos acceso a lo que creemos es información sobre vidas pasadas, simplemente estamos utilizando ese banco de experiencias compartidas y vividas por otras almas que están vinculadas a la misma alma superior. Este concepto del alma superior puede asemejarse a la representación de papeles en la fantasía. El alma superior crea personajes que participan en aventuras en un mundo también creado. Cada uno de estos personajes tiene una chispa del alma superior en su interior y, en el momento de la muerte, esa chispa y los conocimientos y experiencias acumulados son reasimilados por el alma superior [1].

Hay otra teoría según la cual la vida pasada simboliza un deseo, un ansia o incluso un impulso subconsciente de un curso

---

1   Esto es similar al proceso de creación de un *tulpa* en el Tibet. Quienes lo hacen visualizan una entidad con tanta fuerza que esta se carga y adquiere vida propia. Esto se asemeja al proceso mediante el cual un autor crea un personaje, sólo que el nivel de concentración y el ritual mágico que lo rodea intensifica su manifestación. Este fenómeno también puede asimilarse a las materializaciones experimentadas en sesiones espiritistas.

de acción. Por ejemplo, una persona que descubre un escenario de vida pasada como Shakespeare puede estar reflejando un deseo de escribir. Alguien que se ve en una vida pasada como un gladiador exitoso puede estar recibiendo un mensaje del subconsciente que le indica que debe mantenerse firme y luchar con mayor ahínco en alguna situación de la vida actual.

Existen otras teorías, pero estas bastan para mostrarnos que la información sobre vidas pasadas no puede interpretarse simplemente. La sicología no es una ciencia exacta; muchos aspectos de la mente y su funcionamiento permanecen envueltos en un misterio total.

El descubrimiento de vidas pasadas funciona mejor si desde el inicio estas vidas se aceptan como un hecho. La interpretación de esos hechos puede venir más tarde. Lo importante es estimular primero la mente hacia nuevas revelaciones. Incluso si las consideramos sólo como comunicaciones simbólicas de la mente subconsciente, podemos abrirnos a percepciones tremendas. No tardaremos en darnos cuenta de que las escenas revividas son algo más que simples recuerdos de información sutil que se ha perdido de la conciencia.

En los capítulos siguientes encontrará ejercicios explicados paso por paso que lo guiarán en su propio proceso de descubrimiento. Si se realizan hasta el final y se mantiene la actitud apropiada, darán resultados dinámicos. Los ejercicios están diseñados para despertar planos de conciencia más profundos, así como la imaginación creativa. No debe confundirse la imaginación creativa con lo fantasioso e irreal. Es precisamente la imaginación, ese poder de la mente humana, la que nos ayuda a conectarnos con los dominios más sutiles de nuestras mentes y el universo.

Los ejercicios desarrollados en el resto del libro incluyen técnicas específicas de meditación, autohipnosis y procesos de radiestesia que usted puede utilizar para descubrir las vidas que más lo están afectando en la actualidad. No le dé miedo adaptarlos. Así mismo, no los aborde con nociones preconcebidas. El descubrir vidas pasadas puede echar al traste muchas de nuestras expectativas e ilusiones con respecto a nosotros mismos. Sea discriminativo. No siempre acepte la experiencia al pie de la letra. Pregúntese constantemente cómo esta vida anterior que acaba de descubrir lo está afectando en la actualidad. Si no puede determinar esto, es posible que la vida pasada sea engañosa, o que sea irrelevante.

¡Recuerde que su objetivo central siempre debe estar en el presente! Si observa que siempre está hablando sobre sus experiencias de vidas pasadas o que regresa a casa a toda prisa en las noches para descubrir nueva y emocionante información, o si descuida algún aspecto de su vida actual, ¡deténgase de inmediato! Está manejando planos sutiles de la mente, y siempre es preciso tener cuidado.

Yo solía escuchar en diversos círculos que uno nunca debe intentar revelar el pasado porque esto podría alejarlo del presente e inclusive dividir su actual personalidad sintetizada. Podría despertar y poner de manifiesto aspectos oscuros que ya habían sido equilibrados. Advertían que, cuando llegara el momento de descubrir una experiencia de vida pasada, esta se revelaría a sí misma a su manera. Conocerla antes de estar listo para ello podría revelar aspectos pasados de su carácter que podrían asustarlo. Podría poner de relieve cosas acerca de usted mismo que tal vez preferiría no conocer.

En efecto, cualquier proceso de autodescubrimiento es atemorizante, pero si queremos asumir un control más consciente de nuestras vidas y establecer nuevos patrones debemos ser capaces de identificar las raíces de esos antiguos patrones. Sólo así podremos realmente escardar nuestras vidas. Existen formas seguras de hacerlo. Recuerde que la clave está en la discriminación y el discernimiento. No saque conclusiones apresuradas, sean estas positivas o negativas. Como precaución mínima, aborde las experiencias como algo simbólico en vez de literalmente como vidas pasadas. Esto le irá facilitando una comprensión mayor, hasta cuando esté listo para entender el significado más profundo de la revelación.

Mantenga la mente abierta. Recuerde que el primer mandamiento de los antiguos templos de misterio era *¡Conócete!* El asumir responsabilidad por el propio crecimiento y autoconocimiento significa que uno se abre a sí mismo a la vida en muchos planos de existencia. Ser responsable significa que uno puede tomar lo que encuentre de cualquier fuente: extractarlo, reconfigurarlo y luego sintetizarlo en un sistema de crecimiento perpetuo que funcione para uno como individuo. Es utilizar lo que uno aprende y experimenta en la forma que mejor le convenga. El reconocimiento de esto y su uso creativo es lo que le confiere esa maravillosa magia a la vida... pasada, presente y futura.

Ejercicio:
Lleve un diario de vidas pasadas

No es inusual experimentar destellos de vidas pasadas a medida que uno comienza a ejercitar la mente y se abre al proceso de exploración. Una buena forma de registrar estos destellos y estimularlos aún más es mediante el uso de un diario. El hecho de hacer algo tangible, como consignar por escrito sus experiencias con los ejercicios incluidos en este libro, envía un fuerte mensaje a la mente subconsciente. Esta se dará cuenta de que usted realmente quiere abrir esas puertas antiguas. El registro por escrito refuerza el mensaje enviado a esos planos más profundos de la mente subconsciente.

Cada vez que realice uno de los ejercicios, consigne por escrito los efectos. ¿Qué experimentó? ¿Qué sentimientos le afloraron? También descubrirá que, a medida que registra sus esfuerzos, se verá recompensado con recuerdos de sucesos de su niñez o posteriores que pueden suministrar evidencia de apoyo a una vida anterior. Aunque en ese momento esos sucesos pueden haber parecido intrascendentes y fueron fácilmente descartados, encontrará que varios de ellos respaldan sus exploraciones de vidas pasadas.

Una buena forma de estimular la memoria subconsciente y abrir esas puertas creativas es mediante un ejercicio que yo solía utilizar cuando dictaba clases. A comienzos del año, les asignaba a mis alumnos una tarea por escrito. Esta tarea cumplía varios propósitos: 1) estimulaba su potencial creativo; 2) les expandía la mente, limpiándola de telarañas, y 3) yo adquiría una percepción extraordinaria sobre sus personalidades. Es un ejercicio particularmente efectivo para hacer que vayan aflorando los recuerdos distantes del pasado, tanto en la vida actual como en existencias anteriores.

Comience el diario con una historia sobre su pasado. Invéntela por completo. Escoja una región del mundo que siempre le haya fascinado. Escoja una época. Ahora escriba un relato ficticio del tipo de persona que hubiera sido. En su descripción, conteste las siguientes preguntas:

1. ¿Era hombre o mujer?
2. ¿Cómo se ganaba la vida?
3. ¿Qué tipo de prendas o ropa utilizaba?
4. ¿Cómo era su casa? ¿Qué tipo de muebles tenía?
5. ¿Cómo era un día corriente en su vida?
6. ¿Cuáles eran algunas de las costumbres que imperaban en esta región? ¿Había costumbres extrañas?
7. ¿Estaba casado? De ser así, ¿tenía hijos? Si no los tenía, ¿por qué?
8. ¿Qué tipos de leyes existían en ese momento en aquel lugar?
9. ¿Cuáles eran las creencias religiosas predominantes?
10. ¿Había en ocasiones celebraciones especiales, religiosas u otras, que pueda describir?

No tema ser creativo y despreocúpese de la precisión histórica. Describa estos aspectos lo más detalladamente posible, sobre todo en lo que concierne a la ropa, las costumbres y las condiciones de vida. Anote cualquier sentimiento o emoción especial que experimente en torno a las diversas cosas que describe. Tómese su tiempo al escribir. No se apresure. Relájese y asegúrese de que no lo vayan a molestar. No se preocupe por el estilo ni por la ortografía o la gramática. Lo más importante son el flujo de ideas y las descripciones.

Es importante que imagine cómo sería vivir en aquel lugar en esa época. No utilice libros de referencia. Por ahora sólo estamos tratando de abrir los planos del subconsciente que albergan los recuerdos de todas las vidas pasadas.

Siempre había estudiantes que se quejaban de no tener imaginación y que decían que no podían imaginarse viviendo otras vidas. Yo les pedía que escogieran un lugar que les gustaría visitar y en donde les agradaría vivir. Luego les hacía preguntas: ¿Cómo se ganaría la vida allí? ¿Cómo se imagina a la gente? ¿Cómo lo tratarán?, etcétera. Recuerde que el propósito del ejercicio no es forzar, sino dejar que las imágenes y las posibilidades fluyan con naturalidad. No le van a poner una nota por este ejercicio; es sólo para sus propios ojos y su autoconocimiento.

Al realizar este tipo de ejercicio suele ocurrir un fenómeno interesante. A medida que usted avance y se vaya involucrando en la descripción, dejará de darse cuenta del paso del tiempo. Los sonidos exteriores parecerán apagarse o volverse muy distantes. Se absorberá en el ejercicio pero permanecerá alerta. Esta es parte de la función del cerebro derecho que se estudiará en detalle más adelante. El hemisferio derecho del cerebro nos ayuda a desprendernos de nuestras percepciones de tiempo normales.

Existe un viejo dicho sobre cómo los minutos pueden parecer horas y las horas minutos. Mediante la exploración de vidas pasadas, aprendemos que no estamos a merced del tiempo, sino de nuestra percepción de él. La mente puede remontar el confinamiento en el espacio y el tiempo.

Ejercicio:
La rueda de la vida

Este ejercicio le ayudará a entender los vínculos del pasado con el presente y del presente con el futuro, así como su significado. También puede ser adaptado para poner en movimiento las ruedas de su propia vida en una nueva dirección.

La rueda de la vida a veces se conoce como la rueda de la fortuna, que figura en las barajas de tarot. A semejanza de todas las imágenes de ruedas, representa un conjunto de energías mezcladas. Puede utilizar el naipe de tarot y su imaginería en ejercicios de meditación para que lo ayuden a percibir el ascenso y el descenso de los patrones dentro de su propia vida, así como sus conexiones con el pasado. También puede emplearse buscando abrir puertas a los momentos más convenientes para despertar la fama y la fortuna, y poder aplicar los conocimientos antiguos en el momento presente.

La rueda de la fortuna es la carta del tiempo. Enseña la importancia de la sincronicidad. Enseña que cada uno de nosotros tiene su propio ritmo exclusivo. Enseña cómo reconocer ese ritmo y armonizarlo con los ritmos más importantes del universo. Las energías asociadas con esta carta pueden enseñarnos que las semillas no crecen a menos que se siembren, y que todo lo que vemos tiene un período de gestación y de formación de raíces antes de que se revelen su manifestación y crecimiento.

Este ejercicio, que utiliza esta imagen del tarot, puede iniciar el proceso de revelación de patrones del pasado de modo que no sean repetidos en el futuro. También crea opciones que fijan los patrones para el futuro.

Este es un ejercicio que enseña el flujo y el reflujo del tiempo, y la armonización con los ritmos del universo. A medida que usted aprenda a trabajar con este ejercicio y a adaptar su imaginería, estará aprendiendo a viajar sobre la rueda de la vida, no como una rueda de ruleta, sino como una rueda que avanza en espiral, cada vez más y más alto, y con probabilidades de fracaso cada vez menores. Este ejercicio puede revelar el significado y la fuente de esos períodos de limbo en su vida, al tiempo que muestra las posibilidades creativas para salir de ellos.

La baraja de tarot, sobre todo los Arcanos Mayores, son una poderosa herramienta de enseñanza. Ocultas en su imaginería están las lecciones y las leyes de los fenómenos físicos y espirituales. Cuando meditamos sobre estos naipes, nos alineamos con las energías que reflejan. Las ponemos en movimiento en nuestra vida. Al aprender a utilizar las imágenes en meditación y con un enfoque concentrado, aflojamos las restricciones de la mente. Cualquier persona creativa, artista o inventor ya sabe cómo hacerlo. Estamos aprendiendo a utilizar la imaginación de modo productivo.

Cuando uno medita sobre la imagen de la rueda de la vida, se está alineando con esas fuerzas arquetípicas que enseñan y manifiestan las energías del ritmo, el tiempo y el desenvolvimiento. Su imagen está ligada a las fuerzas arquetípicas de honor y fama y a su ascenso y descenso en nuestras vidas. Inherente a ella son las enseñanzas de los ritmos y patrones de la naturaleza y la vida. Despierta la sensibilidad hacia las energías creativas que han sido desarrolladas en el pasado y son inherentes al presente, incluso si no se han expresado.

1. Escoja un momento en el que no será molestado. Asegúrese de que el teléfono esté descolgado y de que no habrá interrupciones.

2. Saque la carta de la rueda de la fortuna de cualquier baraja de tarot. Observe el dibujo. Quizá incluso quiera leer un poco

LA RUEDA DE LA FORTUNA
Baraja Rider - Waite

acerca de algunos de sus significados espirituales y las correspondencias que tradicionalmente se le asocian.

3. Asegúrese de poder visualizar la carta con los ojos cerrados. Recuerde que todos los aspectos de la carta están diseñados para ayudar a despertar y amplificar las energías arquetípicas del tiempo asociado con ella. A medida que se concentra y emplea la imagen durante la meditación, la acción de esas energías arquetípicas de tiempo es liberada más fuertemente dentro de su vida.

4. Realice una relajación progresiva. Tómese el tiempo que requiera para hacerlo. Mientras más relajado esté, mejor podrá abrirse hacia esos planos más profundos de la mente subconsciente. Concéntrese en cada parte de su cuerpo y envíeles mentalmente energías cálidas y tranquilzantes. Respire lenta y rítmicamente. Inhale por la nariz y cuente hasta cuatro. Retenga la respiración mientras cuenta hasta cuatro y luego exhale, también contando hasta cuatro.

5. Si lo desea, puede utilizar música suave e incienso como complemento. El incienso hecho a base de salvia y tomillo resulta muy efectivo.

6. Recuerde que este ejercicio también está diseñado para ayudarle a utilizar la imaginación creativa de modo productivo. Como sucede con todo, la clave es la persistencia, y esta traerá recompensas. No se desanime si no ve resultados inmediatamente reconocibles. Ya los verá. Las energías del arquetipo al cual nos alineemos ejercerán un efecto sutil sobre nosotros. Es posible que traigan revelaciones específicas sobre patrones de nuestra vida que vienen desde existencias anteriores. Pueden afectar nuestros sueños, o pueden intensificar los efectos de las meditaciones actuales sobre vidas pasadas y regresiones, que se encuentran en otras secciones del libro.

7. Tómese algunos minutos al finalizar el ejercicio para consignar las impresiones y sensaciones experimentadas en su diario de vidas pasadas. Luego tómese algún tiempo para reflexionar sobre algunos de los principales patrones en su vida. ¿Se definen

con mayor claridad? ¿Puede detectar patrones relacionados con su familia? ¿Con su trabajo? ¿Con el tipo de personas que se entrelazan con su vida? Recuerde que la terapia de vidas pasadas es ante todo un proceso de autoconocimiento. Tenemos primero que reconocer patrones y la fuente de esos patrones si queremos cambiarlos o amplificarlos.

8. Este ejercicio está diseñado para estirar su mente y darle flexibilidad a su subconsciente. Sólo si suelta su subconsciente podrá acceder más conscientemente a él en busca de información sobre vidas pasadas. El ejercicio también está diseñado para aumentar el conocimiento sobre los patrones de tiempo en su vida. Es conveniente realizar este ejercicio en combinación con todos los demás ejercicios indicados en el libro. Sin embargo, no lo realice el mismo día en que hace uno de los otros ejercicios; más bien hágalo un día antes de comenzar su exploración de vidas pasadas mediante los otros ejercicios. De esta forma, se convierte en un excelente calentamiento.

9. Este ejercicio también intensificará cualquier exploración de vidas pasadas que haya emprendido en el año, si lo realiza en momentos claves de cambios de tiempo naturales dentro del ciclo anual. Los cambios de estaciones y las principales fases lunares (luna nueva y luna llena) son poderosos vórtices de energía. Este ejercicio ayuda a activar estos cambios específicamente para ayudarlo a usted en su vida. También siembra las semillas que facilitarán exploraciones específicas de vidas pasadas si estas se hacen durante ese ciclo en particular (ya sea estacional o mensual). Cuando se utiliza con los ritmos de la naturaleza, debe realizarse tres días seguidos: el día anterior, el día específico y el día después de la fase lunar o el equinoccio/solsticio.

10. Cuando se realiza periódicamente durante el año, ya sea como calentamiento para otros ejercicios de vidas pasadas o como una forma de entrar en armonía con los ritmos cambiantes de la naturaleza, aumentará su sensibilidad global hacia los sucesos

pasados que están afectando su presente. Le ayudará a reconocer las conexiones pasadas más fácilmente. Incluso si no puede discernir todos los detalles, de todos modos podrá reconocer que realmente existe un vínculo pasado con tal persona, tal situación, tales actitudes, etcétera. Como resultado, podrá manejar sus asuntos de manera más constructiva.

La rueda de la vida

A medida que se relaja, imagine que escucha el suave repicar de un reloj distante. Repica 12 veces y luego el sonido se desvanece. A medida que se desvanece, ve aparecer ante usted una gran puerta antigua de madera. Grabada y pintada en la puerta ve la imagen exacta de la carta de tarot, la rueda de la fortuna.

Usted está de pie ante la puerta. Esta se abre suavemente hacia afuera, derramando hermosas luces púrpura y azules que lo van envolviendo a usted. Se encuentra rodeado por colores azules y púrpuras profundos. La luz lo envuelve en espirales, acercándolo hacia el umbral de la puerta. De nuevo escucha el repicar suave de un reloj distante. Cuando cruza el umbral, la puerta se cierra a su espalda.

Se encuentra de pie en medio de un mar de espirales de color azul y púrpura. Contra este fondo de espirales, puede ver un sol que brilla sobre un árbol. Al mirar el árbol, ve cómo refleja el paso de las estaciones. A medida que el sol cruza el cielo, comienzan a retoñar las hojas. Luego adquieren un color verde profundo, que en seguida da paso a los colores del otoño y luego las hojas caen a tierra. Seguidamente, las ramas desnudas del árbol son cubiertas por la nieve. Luego la nieve se derrite, revelando los primeros retoños de la primavera. Primavera, verano, otoño e invierno. Una estación se convierte en la siguiente. Un año tras otro. Todos siguen el mismo patrón. Todos tienen el mismo ritmo y el mismo ciclo. Una y otra vez.

Luego la imagen del sol y del árbol se desvanece en medio de espirales de energía azules y púrpuras. En el lugar en donde estaba el sol, emerge la luna. Pasa de luna nueva a llena, y una vez más a nueva. Cada fase de la luna se le va revelando una y otra vez y luego se pierde en medio de las espirales de luz púrpura.

El repicar distante se escucha con mayor claridad. A medida que esto sucede, el escenario vuelve a cambiar, tornándose más distintivo. El cielo y la tierra se llenan de sombras de azul y púrpura. Pareciera como si hubiera encontrado un vacío en el cual todo lo que existe sobre la tierra descansa en un limbo. Encima de usted están el sol y la luna. Relojes de todo tipo y tamaños cubren la tierra: relojes de caja, relojes cucú, relojes de pulsera... Cuelgan de los árboles y parecen formar parte de las piedras. Todo el paisaje es surrealista.

Se acerca a los relojes. En algunos, las manecillas giran hacia la derecha, contando los minutos a gran velocidad. Se acerca a uno de ellos y se siente y se ve envejeciendo. Puede sentir cómo crece su cabello y cómo se forman las arrugas. Se aleja rápidamente, tocándose el rostro para asegurarse de que no es más viejo de lo que era antes.

En algunos relojes, las manecillas giran hacia la izquierda. Se acerca a ellos, y siente que su energía se intensifica. Se siente más joven, más fuerte, más vibrante. Su piel se siente suave y su mano, al acercarla al rostro, es muy delicada e infantil. Siente cómo se vuelve pequeño, hasta convertirse de nuevo en niño. Se aleja, tocando y examinando sus manos para asegurarse de que sigue siendo quien era antes.

Algunos relojes giran y giran sin detenerse. Otros parecen estáticos. A medida que los observa, ve que en la cara de cada reloj figuran episodios de su propia vida. Algunos reflejan las épocas de aprendizaje. Otros reflejan los patrones de relaciones. Algunos dejan ver momentos de dicha exquisita, en tanto que otros revelan largos y agonizantes minutos de preocupación. Algunos muestran escenas extrañas y exóticas que, sin embargo, parecen de alguna manera familiares. Y usted sabe que estos reflejan encarnaciones anteriores.

En estos relojes están los patrones y ritmos de su vida entera, no sólo de una encarnación. Únicamente cuando los armonice todos ocurrirá la verdadera iluminación. Sólo en la medida en que aprenda a mover las manecillas del tiempo en sincronía, cambiarán su suerte y su fortuna.

Comienza a tocar los relojes y, con la punta de los dedos, obliga a las manecillas de varios relojes a moverse al unísono. Guía las manecillas, desacelerando algunas y acelerando otras. A medida que lo hace, sopla una bocanada de aire fresco que lo acaricia suavemente, dando fe de una nueva armonía.

Observa a su alrededor. Hay tantos relojes, tantos ritmos. Hay tanto por hacer. Entonces se da cuenta de que, a medida que aprenda a armonizar sus ritmos con aquellos del universo, tendrá todo el tiempo del mundo.

Con este nuevo conocimiento, vuelve a escuchar el profundo repicar de un reloj distante. Es como si el gran reloj del universo estuviera repicando su percepción. Levanta la mirada hacia el cielo y ve cómo se funden el sol y la luna. Esto lo llena de asombro y lo emociona. Le recuerda que todo es posible a su tiempo.

Las imágenes de los relojes se desvanecen y las espirales azules y púrpuras bailan con fuerza. Se da vuelta y observa que la puerta por la cual entró está nuevamente abierta. Traspasa el umbral, consciente de que el tiempo siempre está abierto para usted. La puerta se cierra suavemente, dejando atrás los espirales de energía. Ve la imagen pintada sobre la puerta. ¡Ahora sabe que no es en realidad una rueda de la fortuna sino más bien la rueda de la vida!

La imagen de la puerta se desvanece suavemente, disipándose ante sus ojos. Respira profundamente; se siente relajado y recuerda todo lo que ha experimentado. Registre esta experiencia en su diario de vidas pasadas.

3

¿Cuál es el papel del karma?

*U*sted es energía. Es energía que utiliza un cuerpo físico como ropaje para aprender y crecer. En el proceso de reencarnación, su verdadera esencia trabaja con tres principios predominantes en ese crecimiento y educación.

El primero es simplemente el principio de la evolución. Su esencia nace bajo condiciones que suministrarán oportunidades para el desarrollo de las cualidades y características que usted más necesita. Estas condiciones brindan oportunidades para un cambio progresivo. El contexto para este cambio y este crecimiento se establece mediante la herencia, el momento y las condiciones del nacimiento (astrológicas y terrestres), y los factores ambientales que pueden influir sobre usted y ayudarlo a alcanzar el crecimiento requerido. Estos factores ambientales incluyen aspectos como raza, religión, sexo, familia, amigos, conocidos y otras relaciones y posibles experiencias que posiblemente encontrará.

El segundo principio es el libre albedrío. Todos tenemos la libertad de escoger, actuar, de tomar o no una decisión. No es obligatorio cumplir aquello que hemos venido a hacer. Es cierto que una vez hemos asumido una forma física, hay factores que no pueden ser modificados. No podemos cambiar nuestra raza, nuestros rasgos heredados, algunos problemas congénitos, etcétera. Por esta razón, con frecuencia se expresa un antiguo dicho en combinación con el principio del libre albedrío: "A mal que no tiene cura, ponerle la cara dura". Existen algunos aspectos que el libre albedrío no puede desestimar. Por otra parte, tenemos una gran amplitud de posibilidades en las opciones y cursos de acción que asumimos dentro del contexto de nuestros entornos de vida.

El tercer principio es uno de los aspectos más importantes y con frecuencia más erróneamente entendidos de la reencarnación. Es el principio del karma. Dentro de este principio opera algo que a veces se llama la ley de compensación o la ley de equilibrio. La forma en que usted ha utilizado su libre albedrío en el pasado ayuda a determinar el esquema vital de condiciones, situaciones, oportunidades y entorno que le proporcionará un aprendizaje y un crecimiento lo más provechosos posible. Usted puede predestinar aspectos de su suerte mediante lo que usted haga, ya sea bajo la forma de pensamientos, sentimientos, palabras o acciones.

Este principio del karma ha sido expresado de diversas maneras. En la tradición cristiana, lo vemos como *aquello que siembres, cosecharás*. En física, es el principio de que cada acción tiene una reacción igual pero opuesta. Lo que se da, se obtiene de vuelta. *Lo que va, vuelve.* Para cada causa hay un efecto; para cada efecto hay una causa.

Karma es una palabra en sánscrito que significa "realizar o hacer". Es energía en acción. Todo lo que realizamos o fabricamos brinda una oportunidad de crecimiento. Debido a esto, no queremos percibir el karma como un simple proceso de deudas y equilibrios. Muchas veces escogemos una encarnación que puede ser más difícil y dura, pero que nos ayudará a aprender lecciones específicas que se necesitan en el plano del alma. Cuando tomamos decisiones acertadas y actuamos correctamente, se nos abren las puertas de oportunidades positivas y compensatorias. No necesariamente se nos entregan en bandeja de plata, pero las puertas se abren. Si tomamos decisiones desacertadas o actuamos equivocadamente, esto a su vez genera sus propias consecuencias.

El ser responsable exige la toma de decisiones conscientes, a sabiendas de que dichas decisiones tendrán determinadas consecuencias. Es posible que esperemos que las cosas sucedan de cierta manera, pero, si en verdad somos responsables, debemos estar dispuestos a asumir las consecuencias —buenas, malas o indiferentes—, conscientes de que aprenderemos de ellas.

No es inusual que muchas personas expliquen todo lo que les sale mal como un "mal karma". Por lo general, estos individuos confunden un karma malo con un mal juicio. No todo es resultado de acciones pasadas. Desde luego, es posible que exista un cierto contexto de entorno y circunstancias que se deriva del pasado, pero dentro de ese contexto estamos desarrollando nuevas habilidades y creatividad. Estamos encontrando nuevas oportunidades de crecimiento. Muchas lecciones simplemente dan vueltas, mientras reconocemos nuestras oportunidades y tomamos las decisiones correctas.

Tradicionalmente se considera que existen tres expresiones del karma en la vida, pero en realidad hay múltiples variaciones de estas:

— La primera es la *expresión bumerán*. En este tipo de situación, si hemos perjudicado a otra persona, a nosotros también nos perjudicarán. Si le hemos ayudado a otra persona, nos encontraremos en una posición en la que otro nos ayudará a nosotros.

— La segunda es la *expresión del organismo*. Si usted abusó de otra persona físicamente, por ejemplo causando la ceguera de alguien, es posible que usted nazca ciego. Si le ayudó a algún ciego, es posible que usted nazca con una visión incluso mejor.

— La tercera es la *expresión kármica simbólica*. Si se empeñó en no escuchar a los demás en una vida, es posible que nazca con problemas de audición. Si procura buscar la bondad en otros, tal vez en otra existencia nazca con una intuición y una percepción intensificadas.

El karma es aprendizaje, y cualquier cosa que haga brinda una oportunidad para aprender, ya sea sobre algo del pasado o algo completamente nuevo. En este principio del karma juega una compensación, pero no es vengativa. Si usted hizo algo malo en una vida anterior, no significa que necesariamente eso mismo le tienen que hacer a usted en el presente. Un ejemplo exagerado es el asesinato. Si usted mató a alguien en el pasado, eso no significa que tenga que regresar para ser asesinado. El karma no es un proceso de "ojo por ojo".

En el ejemplo anterior, el individuo que cometió un asesinato puede regresar en una situación de vida en la que él o ella deberán aprender a manejar la ira y la violencia de otra manera. Podría ser algo como servir de soporte principal del otro individuo: ser su padre o su benefactor, por ejemplo. También podría significar regresar en una situación en la cual el asesino es colocado en circunstancias de vida que le permitirán neutralizar los aspectos negativos de la ira y la violencia. Así mismo, podría darse el caso de regresar a una situación de tipo semejante para tener la oportunidad de tomar la decisión correcta.

Cada uno de nosostros aprende sus lecciones de modo diferente, porque todos tenemos nuestro propio nivel de crecimiento. Las consecuencias variarán de un individuo a otro. Dentro de una lección puede haber muchas variaciones y muchas situaciones de vida que suministren la oportunidad de aprendizaje más provechosa posible. Si se ha empleado mal el libre albedrío, las circunstancias se presentarán de tal modo que el alma pueda aprender a utilizarlo productivamente.

El alma no tiene que sufrir para progresar. El sufrimiento sólo es bueno para el alma si nos enseña cómo no volver a sufrir. El ejercicio del libre albedrío en combinación con el karma no tiene que ser doloroso para tener efectos. El progreso ocurre cuando usted marcha en armonía con las fuerzas naturales del universo. Si ha estado fuera de armonía y trabaja para volver a ella, el cambio puede acarrear estrés, perturbaciones y trastornos, pero sólo de los antiguos patrones inarmoniosos.

El karma es constructivo, y su objetivo es servir de guía. Sólo busca un ajuste adecuado de las condiciones. Nos enseña que no podemos separarnos de los demás, pues existen vínculos que trascienden el tiempo y el espacio. En muchas sociedades nativas norteamericanas, las decisiones no se tomaban sin antes haber examinado las consecuencias que estas podían tener hasta las siguientes siete generaciones. Estas comunidades reconocían el estrecho e intrincado vínculo que existe entre todas las personas y todas las situaciones.

El karma escogerá para la compensación el momento en que el individuo se pueda beneficiar al máximo con la lección que está aprendiendo y la pueda utilizar lo más provechosamente posible. El lugar de la compensación será aquel en donde resulte más favorable para dar ejemplo a todos los que pueden beneficiarse de ella. El medio de la compensación variará, teniendo el máximo de consideración con todas las criaturas vivientes. El karma de desenvuelve en el momento, la forma y los medios que más nos convienen, si permitimos que así sea. Esto no significa que debemos quedarnos con los brazos cruzados y no hacer nada. Más bien, tomamos nuestras decisiones, actuamos y luego permitimos que las consecuencias se desenvuelvan de modo que podamos determinar nuevas opciones y nuevos cursos de acción.

El karma no necesariamente busca retribución. Tiene como objetivo el aprendizaje y el crecimiento. Busca un ajuste de condiciones, un equilibrio o incluso simplemente una realización. Hasta puede ser suspendido en el plano físico si existe una verdadera compensación emocional, mental y espiritual. El autocontrol, el trabajo arduo, el amor y la aceptación, la sabiduría y la gracia son formas de superar cualquier problema kármico. El hecho de aprender a ver las posibilidades creativas que existen dentro de nuestras limitaciones nos abre a los aspectos positivos del crecimiento kármico.

Es tan fácil hacer caso omiso de cuestiones que pueden poner en movimiento el karma como lo es no reconocer los efectos de nuestro karma. Por ejemplo, es posible que hayamos merecido gozar de buena salud pero que, por no apreciar esta bendición, la demos por sentado y la descuidemos, deshaciendo lo que ya habíamos logrado. Siempre debemos construir.

Nuestra responsabilidad kármica —nuestro aprendizaje— aumenta a medida que nos volvemos más conscientes de nuestro crecimiento y de nuestras dificultades y obligaciones cotidianas. Si actuamos como verdaderos discípulos, asumiremos nuestro aprendizaje kármico a un ritmo acelerado. Es posible asimilar las lecciones difíciles de una docena de vidas en una sola. La tarea consiste en permanecer lo bastante creativo para producir buenos efectos y soportar la intensidad, mientras se sigue siendo productivo y benéfico para la humanidad.

Si queremos ser más responsables de nuestro aprendizaje, tenemos que reconocer que existen múltiples tipos de karma o aprendizaje a nuestra disposición. El karma familiar, el karma racial, el karma religioso, el karma nacional, el karma mundial y, desde luego, nuestro propio karma personal, desempeñan todos un papel en nuestro crecimiento.

Las relaciones de familia y trabajo suelen ser las más kármicas. Son las que nos brindan las mejores oportunidades de crecimiento. Hay otras lecciones que también aprendemos, dependiendo de nuestra raza, nuestra religión y nuestra nacionalidad. Debido a esto, encarnamos como personas de diferente sexo, raza, nacionalidad, etcétera, a fin de redondear nuestras experiencias de vida universal. Por ejemplo, todas las personas que viven en Estados Unidos deben aprender lecciones sobre el uso apropiado de la libertad. En dicho país suelen verse extremos de exceso de libertad o exceso de restricciones. El aprender la expresión adecuada de la libertad exige disciplina, y todos los estadounidenses trabajan en este aspecto en algún nivel. Es parte de su karma nacional.

Debemos comenzar a entender que todo y todos en nuestras vidas tienen un significado más importante de lo que pensamos.

La exploración de vidas anteriores nos ayuda a comprender esto. Comenzamos a percibir lo espiritual que está detrás de lo físico, y nuestras vidas se abren a nuevas expresiones.

Ejercicio:
Percepción de conexiones kármicas

El siguiente relato es tomado de las numerosas historias hasídicas sobre el rabino Israel, el Baal Shem Tov. Baal Shem Tov significa "Maestro del nombre maravilloso". Este relato en particular ha sido adaptado del libro *Classic Hassidic Tales*, de Meyer Levin (Nueva York: Dorset Press, 1959). Es una historia excelente que arroja luz sobre la complejidad de las conexiones kármicas. Estudiar el relato y reflexionar sobre él le puede ayudar a comprender que nuestros nexos con otras personas en nuestras vidas pueden tener un origen mucho más lejano de lo que jamás hemos imaginado.

Dos almas

(El misterio de dos almas que fueron separadas y de cómo el rabino Israel las juntó cuando renacieron en la tierra).

El Baal Shem Tov dijo: "De cada ser humano se eleva una luz que llega directamente hasta el cielo. Y cuando dos almas que están destinadas a estar juntas se encuentran, sus haces de luz fluyen al tiempo, y una sola luz más brillante emana de su ser unido".

Todos los años, una anciana acudía en peregrinación hasta donde el rabino Israel a pedirle que orara para que ella pudiera dar a luz un hijo. Sin embargo, el rabino Israel sabía que ningún niño debía nacer todavía de ella, y siempre le decía que regresara a casa y aguardara.

A medida que pasaban los años la mujer envejecía y se encorvaba cada vez más, pero siempre realizaba el peregrinaje hasta donde el rabino Israel. Un año, empero, el rabino le dijo: "Regresa a casa. Este año te será dado un hijo".

No volvió a ver a la anciana durante los siguientes cinco años, y el rabino Israel supo que había tenido su hijo. Al cabo de los cinco años volvió a verla con un niño pequeño a su lado.

La mujer le dijo al rabino que amaba al niño pero que no lo podía conservar. Señaló que su alma no era afín a la suya. Era un niño suave y obediente, pero sus ojos brillaban con una sabiduría que no podía soportar.

El rabino se quedó con el niño y lo crió, y pronto se convirtió en el estudioso más destacado de la región. Muchas personas acaudaladas acudían a donde el rabino con miras a arreglar un matrimonio con el muchacho, pero el rabino siempre se negaba a acceder. En lugar de ello, envió un emisario a una aldea distante a buscar a la tercera hija de un campesino pobre.

Esta hija era la más callada de los hijos del campesino. Era buena y suave. El campesino estuvo de acuerdo con el enlace y llevó a su hija a donde el rabino Israel. Allí fueron recibidos con grandes honores. Se preparó una fiesta y el Baal Shem Tov leyó el servicio religioso y bendijo a los nuevos esposos.

Cuando terminó la ceremonia y todos se sentaron a manteles, el rabino se puso de pie y dijo: "Ahora les contaré una historia". Y todos supieron que no iba a ser una historia cualquiera.

"Hace mucho tiempo, érase un rey que se lamentaba de no tener heredero. Ni siquiera los brujos o los sabios pudieron ayudarlo. Entonces uno de sus magos le sugirió al rey una idea.

" 'En su tierra hay muchos judíos, y estos tienen un Dios poderoso. Prohíbales que le rindan culto, bajo pena de muerte, hasta tanto le nazca un hijo'.

"Esto hizo el rey, y la oscuridad se cernió sobre la tierra. Muchos abandonaron el reino. Otros rendían culto en secreto.

Otros ocultaron a sus propios hijos, pues el rey decretó que ningún niño podía ser circuncidado mientras no naciera su heredero. Si se encontraba un niño circunciso, los soldados del rey lo cortarían en dos con sus espadas.

"Muchos niños fueron asesinados y los habitantes del reino se llenaron de dolor. Los ángeles en las alturas vieron el sufrimiento y elevaron un cántico a Dios, implorándole que enviara un hijo al rey. Entonces un alma, más pura que las demás, un alma que había sido liberada de las ataduras terrestres, dio un paso adelante y se ofreció a sufrir de nuevo el *gilgul*, o reencarnación. Se ofreció a esto a fin de que cesara el sufrimiento.

"Dios accedió y cuando el niño nació, el rey se olvidó de los judíos. Pero las leyes no fueron derogadas. El príncipe creció hasta convertirse en un muchacho apuesto y muy listo. Todos los lujos le fueron dados al muchacho, pero este parecía no sentir placer en ellos, e inclusive desde niño prefería drenar el conocimiento de todos los sabios del reino. Pero el príncipe estaba descontento.

"El rey buscó un sabio que le pudiera enseñar a su hijo a ser feliz. Al cabo de muchos días de búsqueda, encontró a un anciano que se mostró dispuesto a enseñarle al príncipe. El viejo aceptó bajo la condición de que le permitieran tener una habitación en donde nadie lo molestara durante una hora todos los días. El rey aceptó gustosamente la condición.

"El príncipe estaba contento con su nuevo maestro, con quien exploraba nuevas profundidades de la sabiduría. Un día, empero, el muchacho siguió al anciano hasta la habitación y lo vio de pie ante un altar. Allí descubrió que el sabio era un rabino que rendía culto, contraviniendo las leyes del reino. Al muchacho esto poco le importó, pues la sabiduría que debía aprender todavía era muy grande. Le suplicó al rabino que le enseñara aún más. Luego de mucho rogarle, el rabino aceptó bajo la condición de que se marcharan muy lejos del reino.

"Partieron, y durante años el joven príncipe aumentó sus conocimientos. Se volvió famoso entre los rabinos por su sabiduría. Pero todavía se sentía descontento, pues aunque había tocado a la puerta más íntima del cielo, esta había permanecido cerrada para él. Una mano le había indicado una mancha en su alma.

"Entonces un día conoció a la hija de un rabino y el alma de la muchacha tembló. Cuando el joven príncipe la miró, supo que ella pondría fin a su soledad. De modo que se casaron, y tan verdadero era el amor de sus almas que, en el instante de su matrimonio, una luz única se elevó hacia el cielo y alumbró al mundo entero.

"El alma del príncipe había aprendido a dejar el cuerpo para elevarse a los cielos y regresar con mayor sabiduría. Luego de un instante de estos, miró a su esposa y habló suavemente. 'Esta noche ascendí hasta los más altos cielos. Aprendí que mi alma nació en pecado. Fui criado en medio de lujos e ignorancia mientras la gente de mi reino sufría. Por ello no puedo alcanzar la perfección. Sólo hay una cosa que puedo hacer. Puedo consentir a una muerte inmediata, y luego mi alma debe renacer a través de una mujer pura pero humilde, y los primeros años de mi vida deben transcurrir en la pobreza. Sólo en esa próxima encarnación podré alcanzar la perfección'.

"La esposa aceptó, pero sólo a condición de que ella pudiera morir también y luego renacer para volver a convertirse en su esposa y ser una con él. El príncipe accedió.

"Se acostaron juntos y sus almas partieron en el mismo aliento. Durante tiempos sin fin las almas deambularon en la oscuridad. Y finalmente el alma del joven regresó para nacer como el hijo de una anciana. Y el alma de la muchacha retornó a la tierra para nacer como la tercera hija de un campesino pobre.

"De modo que durante sus años de infancia y juventud estuvieron buscando algo que no sabían qué podía ser. Sus corazones anhelaban y sus ojos miraban a cada alma nueva con esperanza, hasta que olvidaron qué era lo que aguardaban".

El rabino Israel hizo una pausa en su historia y miró a los invitados reunidos en torno a la mesa. "Sepan, amigos míos, que estas dos almas por fin se han reencontrado y hoy se han unido como marido y mujer".

Luego el maestro hizo silencio y todos sintieron que los embargaba la felicidad. El joven y la muchacha se tomaron de las manos, y sus ojos fueron iluminados por una sola llama que ascendió hasta los cielos.

4

Conexiones kármicas, almas amigas y almas gemelas

*N*o hay nada tan fascinante como descubrir las conexiones que en vidas pasadas hemos tenido con personas que forman parte de nuestra vida presente. Como regla general, las personas con quienes tenemos nuestros vínculos emocionales más fuertes casi siempre estuvieron conectadas con nosotros de alguna forma en una vida anterior. Las almas que estuvieron estrechamente relacionadas en una vida con frecuencia se encuentran en otras. Es posible que sus roles cambien en las distintas existencias, pero la conexión subsiste. Como nosotros mismos ayudamos a escoger los entornos de vida en los que podemos crecer a partir del punto en donde quedamos en la existencia anterior, es razonable creer que podemos escoger renacer con quienes están más cerca de nosotros.

Si la relación anterior fue de amor, el amor persistirá y tendrá la oportunidad de profundizarse bajo nuevas circunstancias de vida. Si la conexión fue de enemistad, es posible escoger circunstancias que brinden la oportunidad de superar la animosidad. Con frecuencia, si existe una obligación, podrán escogerse circunstancias que suministren oportunidades para cumplirla. No obstante, es preciso recordar que siempre existe el libre albedrío, y que no todo puede controlarse una vez hayamos renacido en el plano físico.

Todas nuestras relaciones son kármicas. Brindan oportunidades para aprender. La forma que asuma ese aprendizaje variará. En situaciones familiares, por lo general existe una lección particular y predominante que afecta a todos los miembros. Por ejemplo, es posible que todos los integrantes de una familia estén aprendiendo lecciones que tienen que ver con la forma de expresar adecuadamente fortaleza de voluntad. Quizá en uno de los miembros se dé un caso extremo de intimidación y dominación. En otro, tal vez haya un individuo que siempre cede. Es posible que otro integrante del núcleo familiar sea una persona que se niega a aceptar órdenes o sugerencias simplemente porque provienen de otra persona. Y en otro caso, tal vez se manifieste una falta de aserción o un comportamiento adictivo. En cualquier lección en particular existen numerosas variaciones y sutilezas. El reconocer los patrones comunes de comportamiento entre los diversos miembros del núcleo familiar puede revelar mucho sobre las lecciones kármicas que usted ha venido a aprender a través de su familia.

Este tipo de revelaciones puede aplicarse también a las situaciones laborales y sociales. Debemos buscar no sólo las conexiones emocionales, sino también, y más importante aún, los patrones sutiles y obvios que caracterizan nuestras relaciones. Con frecuencia vemos cómo una experiencia de la niñez puede fijar un patrón de conducta durante toda la vida. El ejemplo más obvio es el abuso infantil, cuyo resultado suele ser una vida de relaciones personales difíciles. ¿Por qué, entonces, no es factible que una sola vida establezca un patrón que se repita en otras vidas?

Es posible que nunca determinemos a ciencia cierta quién pudo haber sido alguien en su última existencia, ni por qué él o ella están en la tierra en este momento, pero al observar cómo nos relacionamos con una persona, y cómo se relaciona esta con nosotros, podemos abrir nuestras mentes a posibilidades poderosas. Examine sus relaciones con las personas más allegadas a usted. ¿Qué tipo de emociones siente o expresa con frecuencia cuando está cerca de ellas? La respuesta puede indicar relaciones con esa otra persona en vidas anteriores.

¿Siempre acude en ayuda de los demás? Es posible que en una vida anterior haya sido un agente de la ley. ¿Siempre está cuidando de otra persona, incluso si esta es mayor que usted? Quizá usted fue la madre de esa persona en otra vida. ¿Siempre está bromeando con alguien? Tal vez fue amigo de infancia o un hermano o hermana de esa persona. ¿Siempre espera que la otra persona lo proteja y lo alimente? Es posible que él o ella hayan sido un padre o un tutor en el pasado. ¿Siempre busca a la otra persona por cuestiones de dinero? Quizá es señal de una asociación de negocios en otra existencia.

Aprendemos nuestras más importantes lecciones a través de otras personas. En el estudio del karma y de las vidas pasadas existen tres niveles de relaciones.

El nivel de conexión kármica

Este nivel se establece con personas con quienes quizá hayamos compartido algunas experiencias generales en el pasado. Estas experiencias pueden ser positivas o negativas. Las personas con quienes nos sentimos inmediatamente familiarizadas o que nos producen una sensación instantánea de agrado o desagrado pueden corresponder a esta categoría. Estas suelen ser conexiones breves y por lo general no tienen otro significado. Es posible que debamos entrar en contacto con dichas personas de nuevo por períodos breves a fin de cumplir con algún aspecto de la ley de compensación.

La dificultad que plantean estas conexiones está en reconocerlas por lo que son. No es inusual experimentar una atracción y conexión instantáneas con respecto a alguien. Infortunadamente, con frecuencia sacamos conclusiones equivocadas. Muchas veces escucho a personas decir que conocieron a alguien y que están seguras de que esa otra persona es su media naranja. Varios meses o años después, luego de un matrimonio accidentado y un divorcio tormentoso, no querrán que les recuerden su anterior conclusión sobre la media naranja. Infortunadamente, muchas de estas personas vuelven a cometer la misma equivocación, pues se establece un patrón. La persona que anda en busca de su media naranja cae en un círculo de conexiones kármicas. Es posible que cambien los rostros, pero el patrón siempre es el mismo.

Las personas se quejan: "¿Por qué siempre conozco el mismo tipo de personas? ¿Por qué siempre me encuentro en este mismo tipo de situaciones?" Si no percibimos los patrones, es imposible romperlos. Estos patrones pueden persistir durante toda la vida, e incluso pasar de una vida a la siguiente. La terapia de vidas pasadas nos ayuda a percibir nuestros patrones. Permite colocarlos en un escenario en el cual podemos verlos con mayor objetividad. Podemos apreciar cómo respondemos típicamente en este tipo de situaciones y, al comprender nuestra conducta, podemos comenzar a evitar esos patrones de comportamiento equivocados.

Parte de la función de los compromisos prolongados era asegurar que la relación fuera más que una conexión kármica instantánea. Permitía que las energías de las dos personas o bien crecieran y se establecieran en un nivel más fuerte y profundo, o bien se disiparan naturalmente. Muchos divorcios podrían evitarse si las personas se tomaran más tiempo para establecer la compatibilidad en más de unos pocos niveles.

La conexión de almas amigas

Esta es una conexión en la cual dos almas son extremadamente compatibles en casi todos los niveles. Son física, emocional, mental y espiritualmente compatibles. Tienen muchos intereses en común. Por lo general son amigos antes de ser algo más. Las almas amigas son individuos que han encarnado y compartido muchas relaciones positivas durante largo tiempo.

Podemos tener más de un alma amiga. De hecho, teniendo en cuenta la cantidad de vidas que podemos haber tenido, es razonable asumir que tenemos varias almas amigas. Puede haber varias personas con quienes hemos compartido experiencias de vida prolongadas y positivas. Las almas amigas pueden ser del sexo opuesto o del mismo sexo. Pueden ser un amigo, un familiar o un cónyuge.

Las almas amigas son personas con quienes compartimos una larga asociación. No tiene que ser una asociación continua, pero por lo general es larga. Es posible que una persona entre y salga de nuestras vidas periódicamente durante un lapso prolongado. Cuando quiera que lo hace, suscita un sentimiento de asombro y renovación. Disfrutamos el tiempo que compartimos con ella, no importa cuán breve sea. Afecta nuestras vidas positivamente y nosotros afectamos la de ella.

A semejanza de las conexiones kármicas, la sensación de agrado que nos inspira esa persona puede ser instantánea, aunque no siempre es igual de apasionada. No siempre es fácil separar la conexión de almas amigas de la conexión kármica. El tiempo y el grado de compatibilidad en todos los niveles son dos factores importantes que deben tenerse en cuenta. Pregúntese a usted mismo: "¿Soy tan importante e intrínseco en todos los niveles de la vida de esta persona como lo es él o ella para mí?"

Desde luego, habrá diferencias, pues ambas son almas únicas e individuales, pero habrá terreno común en relación con sus metas y aspiraciones. Las almas amigas tienen una amistad que se extiende y perdura no obstante las circunstancias. En el caso de cónyuges, con frecuencia serán amigos antes de ser amantes. Siempre existe un vínculo de amor y apoyo incondicionales, y siempre se pensará en las necesidades del otro antes que en las propias. Ambos se fortalecen mutuamente las vidas, añadiendo nuevas dimensiones y nuevas profundidades de amor y felicidad.

La conexión de almas gemelas

Suele haber mucha discusión y confusión en los círculos metafísicos y espirituales en torno a la idea de las almas gemelas. Una de las principales teorías es que el alma gemela es nuestra otra mitad ideal. En algún momento nuestra esencia del alma se divide en dos, y cada mitad evoluciona de modo independiente. Entonces, ocasionalmente, las dos almas se reconectan en el plano físico con el propósito expreso de realizar alguna gran misión específica. Esta es una explicación corriente que últimamente ha ganado popularidad. Sin embargo, no es una teoría que resista una fuerte discriminación o prueba espiritual.

Si un alma original se divide para formar dos almas, cada una de las cuales evoluciona independientemente, ¿acaso no son en ese punto almas independientes por derecho propio? ¿No es, acaso, lo mismo que cuando un huevo se divide en el útero de la madre? El resultado son mellizos, pero cada uno es un alma única e individual.

Esta teoría también implica que sólo encarnamos en un sexo en particular, y esto contradice la idea de que la reencarnación sirve para enseñarnos todos los aspectos del proceso evolutivo. Existen algunas lecciones que sólo podemos aprender al renacer en un sexo o raza determinados, etcétera. La teoría de las almas gemelas implica que sólo participamos en la mitad del proceso de aprendizaje.

El concepto de almas gemelas no fue enseñado por los maestros antiguos. Desde luego, casi todos enseñaron sobre reencarnación y conexiones kármicas, pero también dijeron que la búsqueda de lo espiritual no tenía que ir más allá de uno mismo. *¡Conócete!* era el mandamiento principal. Enseñaron que todos somos una combinación de energías masculinas y femeninas. La clave del verdadero equilibrio y de la espiritualidad está en aprender a armonizar estas dos energías en cualquier encarnación en particular.

El alma gemela no se
encuentra por fuera de
nosotros. Es nuestra parte
interior, que debe ser unida
con nuestros aspectos
externos. Mientras mejor se
armonicen los dos, más
disfrutaremos de la magia y
las maravillas de la vida.

Cada uno de nosotros es una combinación de energías masculina y femenina. Si somos varones, una mitad femenina ideal habita en nuestro interior. Si somos mujeres, existe en nuestro ser un aspecto masculino
ideal. Armonizar y unir ambos aspectos es crear nueva vida para nosotros
y para aquellos con quienes entramos en contacto.

El buscar en el mundo exterior, como hacen muchos, a esa otra mitad ideal que piensa, siente, cree y entiende todos los aspectos íntimos de uno provoca un gran descontento. Nadie cumplirá nunca con esos estándares, e insistir en este ideal brinda una excusa para no comprometerse con personas o situaciones.

Su mitad ideal vive en su propio interior. Es el masculino o femenino ideal interior de su ser externo. A medida que aprende a honrar y a reverenciar los aspectos asociados con ambas partes de su esencia, ocurre la iluminación. Cuando aprende a unir lo masculino y lo femenino en su interior, nace el niño sagrado interior. Una nueva vida y un nuevo ciclo de crecimiento se abren para usted.

Todos tenemos una idea de lo que el masculino o femenino ideal representarían para nosotros. Las personas que nos atraen suelen reflejar algún aspecto o cualidad de ese ideal. Percibimos en ellas un reflejo externo de nuestra parte interna que debemos traer a la vida. Nuestras almas amigas reflejan mucho de ese ideal en nuestro interior, al igual que nosotros reflejamos el ideal en el interior de ellos. Son lo más cercano posible que podemos llegar a ese ideal a través de otra persona. Constituyen recordatorios de la promesa de lo espiritual.

La forma como manejamos nuestras relaciones refleja mucho sobre nuestro crecimiento o falta de él. Parte de nuestra tarea consiste en aprender cómo hacer funcionar nuestras vidas. A veces eso requiere que las contemplemos desde una perspectiva completamente diferente. Nuestras conexiones kármicas con otros son intrincadas y no podemos constreñirlas dentro de patrones definitivos, pero todas las personas y situaciones con las que nos topamos pueden brindar oportunidades para el conocimiento personal y la trascendencia. A través del conocimiento del pasado, podemos llegar a entender nuestro presente y reconfigurar nuestro futuro.

Ejercicio:
Abra la galeria de sus vidas anteriores

La siguiente meditación es una forma dinámica de comenzar a reconocer algunas de las conexiones de existencias anteriores entre usted y otras personas en su vida presente. Es un ejercicio que puede repetirse con regularidad y adaptarse para explorar diversos aspectos de su pasado.

Los efectos de este ejercicio pueden acentuarse si se utilizan las ayudas para la meditación que se mencionan en el siguiente capítulo, como por ejemplo incienso, velas, fragancias, etcétera. Lo más importante es tratar de imaginar las escenas lo mejor posible. Muchas personas temen que lo que ven es producto de su imaginación y no una experiencia real. No debe confundirse la imaginación con lo irreal. Con frecuencia son muy diferentes. No podríamos imaginar algo si no existe alguna base o conexión para hacerlo.

En este ejercicio, es posible que realmente vea una vida pasada, o quizá simplemente experimente una sensación o una impresión. Ninguna de las dos posibilidades es mejor o peor que la otra. No importa cómo sea su experiencia, esta se intensificará a medida que persista con el ejercicio. Cada vez que lo realice, obtendrá resultados más dinámicos. Si le cuesta trabajo imaginar las escenas, simplemente pregúntese: "Si allí existen tales cosas, ¿cómo se verían?" Y luego confíe en esas impresiones.

Recuerde que estamos abriendo puertas que llevan mucho tiempo cerradas. Es posible que se requiera un poco de esfuerzo, pero finalmente se abrirán. No se desanime. No conozco a nadie que no haya obtenido resultados con esta meditación sobre vidas pasadas como máximo en el tercer intento.

1. Asegúrese de no ser molestado. Descuelgue el teléfono y pida a quienes estén en la casa que no lo interrumpan. Puede realizar este ejercicio sentado o recostado.

2. Utilice cualquiera de las preparaciones de incienso o velas que se describen en el capítulo 5; esto le ayudará a establecer una buena atmósfera. Si lo desea, puede colocar música suave como fondo, pero esta no debe distraerlo.

3. Respire rítmicamente. Inhale lentamente por la nariz mientras cuenta hasta cuatro. Retenga la respiración en cuatro tiempos, y luego exhale por la boca lentamente mientras cuenta otra vez hasta cuatro. Mantenga la respiración lenta, estable y cómoda. Haga esto durante varios minutos. Sirve para aligerar cualquier tensión existente y ayuda a la mente a olvidar sus activdas externas y sus enfoques usuales, para llegar a un estado en el cual puede experimentarse con mayor facilidad el mundo interior.

4. Ahora vuelva a leer el ejercicio. Recuerde las ideas principales. No es necesario hacer la meditación al pie de la letra. No tema adaptarla y no se preocupe si descubre que, al hacerla, sus experiencias difieren de las descritas. Es simplemente su propia mente que responde de la manera más conveniente. Si lo desea, puede grabar la meditación y luego, cuando realice las preparaciones, puede obedecer las instrucciones impartidas por su propia voz.

5. Ahora realice un relajamiento progresivo. Comience con los pies y concentre en ellos su atención. Envíeles mentalmente sentimientos cálidos y relajantes. Ahora vaya ascendiendo, concentrándose en las distintas partes de su cuerpo una por una. Tómese el tiempo para hacerlo. Mientras más tiempo se tome, más relajado estará y mejores resultados obtendrá. Para cuando llegue a la coronilla, deberá sentirse muy relajado. Sus brazos y sus piernas deben sentirse pesados, e incluso debe sentirse un poco desconectado con usted mismo.

6. Mantenga los ojos cerrados para evitar distracciones visuales y permita que el escenario de la meditación se desenvuela en su mente.

7. Preste atención a sus sueños durante varias noches después de esta meditación (y de las demás meditaciones descritas en

este libro). Cada vez que toque fuertemente el subconsciente, como sucederá con estos ejercicios, la impresión repercutirá en sus sueños. Esto no significa que soñará con vidas anteriores, aunque a algunas personas sí les sucede. Más bien preste atención al contenido emocional primario de sus sueños y a las personas con quienes se asocian estas emociones en los escenarios oníricos. Esto muchas veces indica las emociones y asuntos que ha venido a abordar en relación con estos individuos. (Si realiza este ejercicio antes de dormir, es posible que acentúe su efecto sobre los sueños y brinde una mayor iluminación).

8. Si lo desea, puede utilizar como preludio el ejercicio de la rueda de la vida descrito anteriormente. De ser así, realícelo el día antes de comenzar la serie inicial con este ejercicio. Este es el ejercicio clave en la exploración de vidas pasadas según se explica en este libro. Expande la imaginación creativa y abre el subconsciente. Incluso un éxito mínimo con este ejercicio facilitará todas las demás técnicas, ya sea que se utilicen por separado o en combinación con esta práctica.

Si su actitud con respecto a la exploración de sus vidas pasadas es realmente seria, el ejercicio abrir la galería le dará resultados. Para comenzar, practique este ejercicio durante siete días seguidos. Casi todas las personas obtienen resultados en esa semana. Luego siga realizando el ejercicio una o dos veces por semana durante un mes. No conozco a nadie que no haya obtenido alguna información sobre vidas pasadas en este lapso. Luego realícelo periódicamente, combinándolo con las otras técnicas.

9. Una vez haya abierto la galería de su vida, los otros ejercicios sobre exploraciones específicas de vidas pasadas incluidos en este libro resultarán mucho más fáciles. Por eso al comienzo es importante repetir esta práctica durante una semana entera y luego seguir realizándola varias veces a la semana durante por lo menos un mes después. El ejercicio resulta particularmente efectivo en época de luna llena. Si decide extender sus exploraciones

de vidas pasadas durante un año, puede ser beneficioso realizar este ejercicio aproximadamente en luna llena a fin de mantener abiertas las puertas hacia la galería interior.

10. También puede utilizarse como preludio para intensificar los efectos de otras técnicas de exploración de vidas pasadas, sobre todo las técnicas de terapia asociadas con el árbol de la vida (capítulo 6).

Galería de vida

Visualícese en el escalón superior de una larga escalera dorada que baja suavemente en espiral hacia una bruma en el fondo. No siente temor. De hecho, experimenta una sensación de expectativa ante lo que va a descubrir.

Comienza a descender. Con cada paso, se siente más y más relajado. Desciende cada vez más. Suavemente. Se siente bien al bajar por esta escalera.

Se va adentrando más y más profundo, bajando cada vez más. Baja. Baja. Baja. Se relaja todavía más profundamente con cada escalón que desciende. Se le había olvidado cuán agradable se siente el simple relajamiento.

Mientras más desciende, más ligero se siente. Es como si apenas rozara los escalones. Más ligero y más suave, a medida que desciende más y más profundamente. Pronto la bruma lo envuelve, pero no le importa. Es hermosa y calmante. Y desde hace mucho tiempo no se sentía tan ligero y relajado.

Se siente tan relajado y ligero que literalmente flota por las escaleras. Se siente como una nube suave que desciende del cielo. Abajo, puede ver el último peldaño. La bruma comienza a disiparse y muy suavemente sus pies tocan el piso. Se siente relajado y en paz.

Observa que se encuentra en el centro de un recinto circular. Frente a usted, ve una gran puerta de roble. Se siente atraído hacia ella. A medida que se acerca, empieza a ver su nombre grabado en el corazón mismo de la puerta. Debajo de su nombre hay un letrero grabado en un lenguaje que le resulta extraño. Lo toca suavemente con la mano y delinea las letras con los dedos. A medida que hace esto, comprende que ese es su nombre tal como era la última vez que estuvo aquí.

Al retirar la mano, la puerta se abre hacia adentro y deja ver una luz azul y dorada. La luz lo envuelve. Pasa a través de usted. Lo rodea y lo abraza. Lo invita a cruzar el umbral. Cierra los ojos y siente la felicidad de la luz.

Abre los ojos y traspasa con cuidado el umbral. Cuando lo cruza, la puerta se cierra lentamente a su espalda. La luz azul y dorada se desvanece suavemente y se encuentra en lo que parece ser una vieja bodega de una galería de arte.

Se ve rodeado por artefactos provenientes de todos los rincones del mundo. Hay esculturas, pinturas y prendas de vestir. Hay libros y armas, tallas y diversos objetos. Todas las épocas parecen estar representadas. Reconoce algunas épocas y artefactos, pero otros parecen extraños y confusos. Muchos están cubiertos de telarañas y polvo, pero puede ver que todos se conservan en buen estado.

La habitación está dividida en cubículos y secciones. Cada área refleja un momento y lugar específicos en la historia del mundo... No, ¡no del mundo! De repente lo comprende al examinar el cubículo más cercano. Hay prendas de vestir que reconoce de su infancia. ¡Allí está su juguete favorito! Esta no es una galería del mundo, sino una galería de su vida. ¡Estos artefactos son los rastros del pasado que han ayudado a formar la persona que usted es hoy!

Cuando comprende esto, la galería se oscurece salvo por una pequeña área hacia la izquierda. Allí ve una división, un muro que se yergue solo e iluminado. Se acerca a él, preguntándose qué descubrirá sobre usted mismo.

Al aproximarse a la cara delantera de este muro, observa que de él pende un retrato de tamaño real en un gran marco dorado. La imagen del retrato es confusa, pero de alguna manera usted sabe que, cuando se deje ver bien, será una imagen suya. Y en seguida, en su mente, escucha una voz suave y clara:

"Esta es la galería de su vida. En ella están los vestigios de todas las cosas y todas las personas en su pasado. En esta galería está todo lo que necesitará para descubrir los ritmos del pasado según interactúan con el presente. Puede escoger ver o no ver, según lo desee".

La voz se calla y usted observa fijamente el retrato. La imagen tiembla tenuemente y una brisa suave sopla sobre usted y sobre el cuadro. Al hacerlo, la imagen se ve nítida y clara. Obsérvela. Siéntala y sepa que es real.

Dedique algunos minutos a examinar el retrato. Observe si la figura es hombre o mujer, mire la ropa que lleva puesta, los colores. A medida que la observa, sentirá que conoce a esta persona. Sabe si era rica o pobre. Sabe cuál era su oficio. Sabe si esta persona era feliz o infeliz. El rostro revela un conocimiento que usted había olvidado.

Mire hacia el extremo inferior derecho del cuadro. En el marco hay una pequeña placa de cobre. Tiene una fecha grabada. Acerca el dedo y delinea la fecha, sintiendo cada número a la vez. Mira hacia el extremo izquierdo y allí ve otra placa de cobre. Allí hay grabado el nombre de un lugar. Podría ser una ciudad, un pueblo, un país. Toque las letras con el dedo.

Al elevar la mirada una vez más hacia el rostro de la imagen en el cuadro, ve otras dos imágenes que comienzan a perfilarse en el fondo. Hay un hombre y una mujer. Al mirar sus caras, sabe qué relación tenían con usted en esa vida: amigos, amantes o parientes. Al examinar sus rostros, recuerda las emociones que asociaba con ellos. Tómese algunos minutos y permita que las imágenes se acentúen.

A medida que va viendo quiénes fueron estas figuras en su pasado, sus rostros comienzan a desvanecerse. Se vuelven indistintos y luego empiezan a cristalizarse de nuevo. Pero hay algo diferente. Esta vez, a medida que se cristalizan, puede ver los rostros de dos personas en su vida presente. Al perfilarse sus caras, comienza a entender un poco mejor sus relaciones con ellas. Véalas. Siéntalas. Y sepa que son reales.

Enseguida los rostros se desvanecen. La única imagen que queda es la suya. Al observarla, los ojos parecen cobrar vida y abrazarlo a usted. Y entonces aparece una palabra o una frase encima de la cabeza. Esto es lo que esa vida pasada le ha dado para utilizar en el presente. Vea cómo toma forma y se define en el cuadro.

Al mirarla, se entiende un poco mejor a sí mismo. Y luego, sin advertencia previa, la imagen se desvanece hasta que sólo queda un marco vacío sobre la pared.

Suspira. Hay tanto que aún no comprende. Todavía queda tanto por aprender y descifrar. Da un paso hacia atrás y observa que toda la galería vuelve a estar iluminada. Parece extenderse indefinidamente. Hay tanto por aprender, tanto por recordar.

Se dirige hacia la puerta. Al detenerse ante ella, vuelve a escuchar la voz:

"Esta es su galería. La puerta de acceso nunca estará cerrada para usted. Puede explorar lo que ha visto hoy un poco más, o explorar cualquier otra vida que desee. A medida que recuerde las lecciones del pasado, podrá reconfigurar su futuro".

La puerta se abre lentamente y la luz azul y dorada lo envuelve, abrazándolo y bendiciéndolo a medida que vuelve a traspasar el umbral. Al cerrarse la puerta detrás suyo, entiende que nunca volverá a cerrarse verdaderamente. Vuelve a tocar suavemente su nombre grabado y luego se encamina hacia la escalera.

Se siente relajado, en paz y lleno de una nueva sensación de asombro. Al subir las escaleras suave y fácilmente entre la bruma, se lleva consigo lo que acaba de aprender. Nunca podrá volverse a mirar a usted mismo ni a las dos personas que vio en el cuadro, de la misma manera que antes. Y siente que lo embarga un sentimiento de promesa.

5

Comprensión y ayuda en la meditación sobre vidas pasadas

*E*s mucho lo que se ha escrito sobre la meditación y sobre las diversas formas de practicarla. De hecho, existen tantos métodos de meditación como personas hay. La clave está en descubrir cuál método o combinación de métodos le funciona mejor a usted. En la exploración de vidas pasadas, ciertos tipos de meditación se prestan más fácilmente para acceder a esta información en los niveles más profundos de la mente.

Al cerrar los ojos y alejar los sentidos del mundo que lo rodea, usted entra en otro plano de vida completamente distinto. Es más fugaz y fluido que el mundo físico, pero es igual de real. Tiene el poder de afectar su vida y realzarla de modos que hasta ahora comenzamos a entender. Es un mundo en el que puede soñar, reflexionar sobre el futuro, develar los misterios que lo rodean o incluso redescubrir sus existencias anteriores.

La meditación no es un proceso difícil. El verdadero problema es ver. Al aprender a cambiar su conciencia de las cosas, es decir, la forma en que percibe el mundo, utilizará un estado de conciencia alterado. Todos hemos experimentado estados alterados. Soñar es uno de ellos. La lectura con frecuencia saca a las personas de sí mismas. Trotar, bordar, conducir largos trechos y escuchar música son todas actividades que producen cambios en la conciencia. A través de la meditación, aprendemos a cambiar nuestra conciencia de una forma controlada.

Las técnicas de meditación más efectivas, no importa cuál sea su propósito, son muy sencillas. Dependen de habilidades que cualquier persona con algún grado de inteligencia puede desarrollar con el tiempo y la práctica. Con las técnicas de meditación sobre vidas pasadas descritas en este capítulo, cualquier persona puede ver resultados casi de inmediato.

Una buena técnica de meditación sobre vidas pasadas se basa en tres habilidades esenciales: visualización, concentración e imaginación creativa.

La visualización es la habilidad de crear un cuadro mental y retenerlo en la mente. Estos cuadros deben ser lo más parecidos posibles a la realidad. Un sencillo ejercicio de práctica consiste en visualizar una naranja, observando detalladamente su forma, su tamaño y su color. En su mente, sienta la cáscara de la naranja. ¿Cómo se siente al hundir en ella los dedos para pelarla? Huela la fragancia al derramarse el jugo. Trate de crear también la imagen de su sabor.

La concentración es el arte de retener firmemente la imagen en la mente sin pensar en otras cosas. Con un poco de práctica, podemos aprender a retener un punto focal concentrado, excluyendo cualquier otro. Ensaye a contar lentamente hasta diez. Visualice cada número en la mente y retenga ese número excluyendo cualquier otro pensamiento, hasta contar el siguiente.

Suelo utilizar este ejercicio en mis clases para demostrar que no es tan fácil como parece. No cuento a un ritmo regular. Si surgen otros pensamientos, se requiere más trabajo; incluso si lo que se piensa es "vaya, esto no es tan difícil". En el siguiente capítulo se hablará más sobre este aspecto cuando abordemos el tema del fenómeno de la resistencia.

La tercera habilidad que debe desarrollarse para realizar una buena meditación sobre vidas pasadas es la imaginación creativa: permitir que la mente cree imágenes y escenas asociadas con los pensamientos que alimentan la meditación. Estas imágenes deben crearse en tres dimensiones. Si ha estado practicando el ejercicio del capítulo anterior, verá cómo funciona esto. El pensamiento inicial es una galería de arte en la cual cuelga un viejo retrato suyo. Sin embargo, lo que aparece en ese cuadro no le es dado. Debe crearlo con su propia imaginación.

La imaginación creativa, o percepción imaginativa, es la clave para abrir las puertas a la verdadera concientización espiritual sobre energías y seres. La energía proveniente de esos dominios más etéreos debe traducirse en forma de imágenes que podamos reconocer y con las cuales podamos trabajar. La imaginación es una forma de realidad en niveles que trascienden nuestro mundo normal, sensorial. A través de ella, creamos una nueva concientización, una nueva experiencia de forma y color en relación con este mundo.

Cuando se aplica en meditaciones sobre vidas pasadas, la imaginación estimula formas más elevadas de intuición e inspiración. Abrimos nuestras mentes a una nueva comprensión de las condiciones de nuestras vidas. Una persona física y espiritualmente creativa ve intuitivamente posibilidades de transformar los hechos y las experiencias ordinarias en una nueva creación. La imaginación nos permite descubrir aspectos nuevos sobre nosotros mismos y brinda iluminación que puede liberarnos de los ciclos kármicos.

En el interior de nuestros cráneos, tenemos un doble cerebro con dos formas de conocer. Las diferentes características de los dos hemisferios del cerebro desempeñan una función dinámica en nuestra capacidad de utilizar efectivamente estados de conciencia alterados para descubrir vidas pasadas.

Cada hemisferio recoge la misma información, pero la maneja de modo diferente. Uno de ellos, con frecuencia el hemisferio izquierdo, tiende a dominar e inhibir a la otra mitad, sobre todo en personas del mundo occidental. Este hemisferio izquierdo analiza, cuenta, marca tiempo, planea, ve lógicamente y sigue procesos paso por paso. Verbaliza, hace declaraciones y saca conclusiones con base en la lógica. Es secuencial y lineal en su aproximación a la vida.

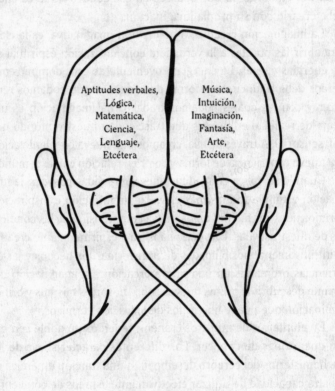

Aptitudes verbales,
Lógica,
Matemática,
Ciencia,
Lenguaje,
Etcétera

Música,
Intuición,
Imaginación,
Fantasía,
Arte,
Etcétera

LOS DOS HEMISFERIOS DEL CEREBRO

Cuando usamos estados alterados, por ejemplo en la meditación sobre vidas pasadas, es más fácil ingresar a esos niveles más profundos de la mente subconsciente a través del hemisferio derecho. En el subconsciente permanecen almacenados esos recuerdos antiguos.

Sin embargo, tenemos otra forma de conocer y aprender. A esto lo llamamos actividad del cerebro derecho. A través de este, vemos cosas que pueden ser imaginarias —que sólo existen en la mente— o recordamos cosas que pueden ser reales. Vemos cómo existen las cosas en el espacio y cómo las partes se combinan para formar un todo. A través de él, entendemos los símbolos y las metáforas, soñamos y creamos nuevas combinaciones de ideas. Con el hemisferio derecho, usted explota su intuición y tiene instantes de percepción: momentos en los que todo se acomoda en su lugar, de modo no lógico. Este hemisferio opera de manera subjetiva, relacional y atemporal. Una de sus más grandes capacidades es la de imaginar. Puede conjurar una imagen y luego mirarla. Estas imágenes pueden reflejar información y datos del pasado, del presente o del futuro.

Existen dos formas básicas de meditación y todas las demás se derivan de ellas. La primera se vale de un método pasivo. En ella, se permite que vayan surgiendo imágenes libremente en la mente, conformándose en torno a un mantra, idea o símbolo específico. El segundo método consiste en la meditación activa. Esto significa que usted toma un símbolo, una imagen, una afirmación, una idea, etcétera, y reflexiona mentalmente sobre ella, excluyendo cualquier otro pensamiento. El objetivo es extraer todo lo que pueda a la idea o símbolo. La forma más efectiva de meditación para la exploración de vidas pasadas es el método activo.

En la meditación sobre vidas pasadas, usted utiliza la capacidad de formación de imágenes de su cerebro derecho para acceder mejor a los planos más profundos de su subconsciente. Es en los niveles más profundos del subconsciente en donde pueden descubrirse nuestros recuerdos antiguos. Un trabajo adecuado con tipos de imágenes y símbolos específicos ayuda a despertar esos recuerdos de vidas anteriores que alberga el subconsciente y pasarlos a la mente consciente.

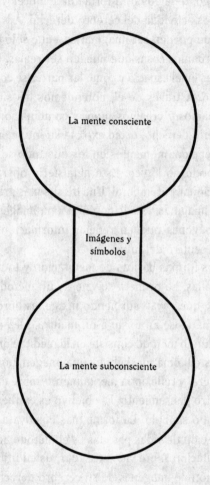

TENDER UN PUENTE ENTRE LAS MENTES CONSCIENTE Y SUBCONSCIENTE

A través de la aptitud imaginativa del cerebro derecho, podemos tender un puente hacia la mente subconsciente y despertar nuestros recuerdos sobre vidas pasadas.

La mente subconsciente sólo puede comunicarse con nosotros a través de imágenes y símbolos. Es el único lenguaje que conoce. Por lo tanto, si queremos enviarle un mensaje para que revele información sobre vidas pasadas, tenemos que aprender a hacerlo a través del cerebro derecho, concentrándonos en imágenes y símbolos específicos.

Existen numerosos símbolos e imágenes que pueden utilizarse para despertar esos recuerdos antiguos. Como ha podido apreciar, cada capítulo le enseña formas diferentes de lograr esto. No son los únicos métodos, pero son fáciles y efectivos. Le darán resultados.

Ayudas para la meditación sobre vidas pasadas

Existen muchas formas efectivas de propiciar un estado de conciencia alterado, sobre todo para fines de exploración de vidas pasadas. Tres de las más eficaces son las fragancias, las esencias florales y los cristales y/o piedras. Todos estos alteran la energía del entorno y ayudan a establecer un estado mental apropiado para los propósitos de la meditación. Nos ayudan a conseguir y a mantener la concentración, y a enfocarnos en nuestras imágenes de vidas anteriores.

Fragancias de vidas pasadas

La fragancia —ya sea en hierbas, aceites o incienso— es una de las formas más efectivas de inducir un estado de conciencia alterado. Las fragancias alteran la energía vibracional del ambiente y de los individuos, cada una de acuerdo con sus propiedades únicas. Nos afectan en planos psicológicos sutiles pero muy reales. Nos ayudan a penetrar más fácilmente la conciencia a niveles más profundos.

En las meditaciones sobre vidas pasadas, las fragancias, sobre todo los aceites esenciales, le ayudarán a pasar de su enfoque exterior a una percepción interna. Existen varias formas en que se pueden emplear. Los aceites pueden aplicarse a un baño antes de la meditación. De esta manera, la fragancia es absorbida por el cuerpo y permanece durante la meditación. Tan sólo se requiere media tapa por baño, pues los aceites esenciales son muy potentes.

También se puede ungir con un par de gotas de aceite antes de la meditación. (Si lo desea dilúyalo primero en agua, pues algunos aceites pueden irritar la piel). También puede echar un par de gotas en un pequeño recipiente con agua y colocarlo cerca de usted en el área en donde realizará la meditación sobre vidas pasadas. La fragancia permeará el aire en torno suyo.

En cuanto a los inciensos, puede quemarlos antes de la meditación. Si es un incienso de palo, puede dejarlo quemando mientras medita.

Hay diez fragancias que resultan muy efectivas en meditaciones sobre vidas anteriores. No figuran en orden de efectividad; esto lo debe descubrir por sí mismo. Todos tenemos nuestro propio y único sistema de energía, y ese sistema responderá de modo diferente del de otra persona. Utilice la lista como guía. Experimente. Mezcle y combine. Encuentre la fragancia o la combinación de fragancias que mayor efecto tengan sobre usted.

Eucalipto: este es un aceite de meditación potente y versátil. Si coloca una gota entre los ojos, le ayudará a estimular la visión interior (activación del tercer ojo). También ayuda a impedir que se vea afectado negativamente por cualquier emoción que se despierte como resultado de la meditación sobre vidas pasadas.

Incienso: esta es una magnífica fragancia que cumple múltiples propósitos y que sirve para todo tipo de meditaciones. Puede utilizarse para inducir visión. Ayuda a abrirle la mente a inspiraciones más elevadas y a perspectivas más claras. Cuando se utiliza en meditaciones sobre vidas pasadas, puede ayudarle a esclarecer cualquier comportamiento obsesivo que se derive del pasado.

Jacinto: es una excelente fragancia para cualquier persona que realice el proceso de renacimiento, que es una regresión al traumatismo del nacimiento. Puede utilizarse en meditación sobre vidas pasadas para descubrir las fuentes de la depresión. Es efectiva para mujeres embarazadas que realizan meditaciones para armonizar con el alma que está a punto de entrar. (Estas meditaciones se examinan más en detalle en el capítulo 6).

Lavanda: siempre ha sido considerada una hierba mágica con fragancia mágica. Puede utilizarse para estimular sueños sobre vidas anteriores, sobre todo en las meditaciones realizadas antes de dormir. Puede emplearse efectivamente para arrojar luz sobre los conflictos con cónyuges que puedan tener su origen en el pasado. Es una fragancia que ayuda a revelar bloqueos kármicos y la mejor forma de superarlos. También es efectiva cuando se utiliza con meditaciones sobre vidas pasadas diseñadas para descubrir los orígenes de los bloqueos emocionales o conflictos interiores que están interfiriendo con su crecimiento espiritual.

Lila: esta fragancia es excelente para las meditaciones sobre vidas anteriores, pues estimula los planos más profundos de la memoria consciente. Es especialmente efectiva si se unge con ella la parte posterior de la cabeza, en el lugar de la médula oblongada. Espiritualizará la experiencia de meditación. Ayuda a recordar existencias anteriores al inducir una mejor memoria y clarividencia. Estimula una mayor comprensión de la belleza innata del alma del individuo.

Mirra: es una fragancia poderosa que solía utilizarse antiguamente para sanar y limpiar. Puede estimular recuerdos de vidas pasadas que están creando bloqueos en su vida. También puede estimular revelaciones sobre existencias anteriores en estados de sueño.

Naranja: esta fragancia puede utilizarse en terapias de vidas pasadas para ayudar a liberar traumatismos emocionales. Produce claridad y calma en estados extremadamente cargados. También puede estimular sueños sobre vidas pasadas que suministran pistas para descubrir el origen desconocido de temores.

Salvia: es una fragancia poderosa que puede abrir nuestras mentes al impacto espiritual del pasado sobre el presente. Cuando se utiliza en meditaciones sobre vidas anteriores tiene la capacidad de revelarnos todos los tiempos. También sirve para estimular una mayor comprensión e integración del pasado con el presente. Despierta un sentimiento de inmortalidad y el entendimiento de que la vida del alma se extiende mucho más allá de una encarnación física. Ayuda a aclarar el desarrollo espiritual del pasado en relación con el presente.

Sándalo: es una buena fragancia general que sirve para todos los propósitos. Le facilita a la persona el paso a un buen estado alterado. Si se aplica en las sienes, ayuda en la concentración durante la meditación. Contribuye a remover bloqueos que pueden impedir revelaciones más elevadas en el estado meditativo.

Vistaria: los ocultistas, los metafísicos y los sanadores han utilizado esta fragancia de muchas maneras para abrirse a vibraciones más altas. Puede emplearse en las meditaciones sobre vidas pasadas para despertar y activar la creatividad que ha sido desarrollada en el pasado. Ayuda a abrir las puertas entre la mente consciente y el subconsciente, en donde se almacenan nuestros recuerdos más antiguos. Estimula la iluminación del pasado.

Esencias florales de vidas pasadas

Las esencias florales son elíxires fabricados a partir de las flores de diversas plantas, hierbas y árboles. No son hechas de la materia física de la planta, sino que la energía que opera detrás y a través de la planta se extrae mediante un sencillo procedimiento alquímico. Son completamente benignas y no se contraponen a ninguna otra forma de medicina.

Todas las flores tienen su propia personalidad y su propia frecuencia vibracional. Cada una ejerce un efecto único sobre el individuo. Ese patrón de energía es lo que se instila en el elíxir. El líquido, ingerido en varias gotas, puede entonces utilizarse para transmutar, alterar o crear nuevos patrones vibracionales para el individuo. Puede emplearse para funciones y propósitos muy específicos. Las esencias que figuran a continuación son efectivas cuando se ingieren en combinación con cualquier exploración de vidas pasadas, ya sea a través de la meditación o mediante otro método.

Zarzamora: es efectiva en cualquier visualización y meditación creativas. Da claridad para resolver problemas pasados recurrentes en la vida actual. Ayuda a despertar nuevamente las enseñanzas elevadas del pasado de modo que puedan ser expresadas en el presente.

Rudbeckia[1]*:* esta esencia floral es dinámica cuando se utiliza con cualquier terapia de vidas pasadas. Ayuda a estimular la percepción penetrante en las áreas bloqueadas del presente que tienen su origen en el pasado. Contribuye a abrir nuevas perspectivas sobre la muerte y sobre el proceso de morir. Es útil cuando existe una resistencia inconsciente a explorar asuntos claves del pasado.

Amapola californiana: sirve para estimular la visión interior y la intuición. Es una excelente ayuda en cualquier forma de meditación. También puede ser efectiva para quienes se ven excesivamente embebidos en la averiguación de qué personaje pudieron haber sido en el pasado. Ayuda a liberar suavemente el karma del pasado que sigue profundamente arraigado en el corazón.

Chaparro: estimula estados de conciencia más profundos. Es efectivo para ver patrones del presente que no son más que nuevas expresiones de los patrones del pasado. Puede utilizarse para

---

1   A este género de plantas pertenece una —la más común— conocida como *black-eyed Susan*; sólo crece en Norte América; tiene discos cónicos y sus flores —también cónicas— son amarillas, anaranjadas o cafés. (N.E.)

ayudar a estimular sueños que revelen información y asuntos del pasado que todavía nos afectan.

Nomeolvides: esta esencia estimula niveles más profundos de memoria y ayuda a despertar la comunicación entre la mente consciente y el subconsciente. Es particularmente efectiva en las meditaciones sobre existencias anteriores cuando se quieren descubrir conexiones kármicas con las personas más importantes de nuestra vida.

Lirio: ayuda a liberar los aspectos creativos que hemos desarrollado en el pasado. Nos permite utilizar nuestras exploraciones de vidas anteriores para encontrar una mayor inspiración y rejuvenecimiento.

Loto: esta esencia acentúa los efectos de cualquier otra esencia floral. Despierta los planos más profundos de la conciencia. Puede utilizarse en el proceso de posmeditación para sintetizar e integrar la experiencia de vidas pasadas con nuestras circunstancias actuales. Es una ayuda dinámica en cualquier modalidad de meditación.

Artemisa: intensifica nuestro autoconocimiento durante las meditaciones. Estimula la intuición y la imaginación creativa. También puede utilizarse para fomentar sueños del pasado. Expande la percepción sobre el presente con base en la experiencia de meditación.

Hierba de san Juan o corazoncillo: esta es una de las esencias más beneficiosas en cualquier práctica de meditación. Facilita suavemente el paso a un estado alterado. También es muy dinámica en la estimulación de sueños de vidas anteriores. Alivia cualquier temor que suscite la posibilidad de abrir puertas que conduzcan hacia el pasado. Acentúa nuestras percepciones en el estado meditativo y puede despertar nuevas perspectivas y actitudes en lo que concierne a la muerte.

Sanícula: nos ayuda a afrontar nuestro karma, ya sea que este provenga del pasado o que sea parte del presente. En meditaciones sobre vidas anteriores, ayuda a revelar el aprendizaje del pasado que está siendo expandido en el presente. Nos ayuda a desprendernos del pasado, de modo que podamos progresar en el presente. Nos puede mostrar, mediante la meditación, qué tenemos en el presente que venga del pasado y que todavía tiene que ser sanado.

Tulipán estrellado: es un excelente remedio para recordar mejor las vidas anteriores. Puede ayudarle a recordar los sueños que han revelado aspectos de sus existencias anteriores. Despierta una mayor sensibilidad intuitiva, acentuando cualquier experiencia de meditación. Puede ayudarnos a armonizar mejor el pasado con el presente.

Tomillo: ayuda a llevarnos suavemente a un estado alterado de conciencia. Intensifica nuestras percepciones intuitivas y es excelente en recuerdos de tiempos pasados y en todas las terapias de vidas anteriores.

Cristales y piedras de vidas pasadas

Los cristales, las piedras y las gemas han cobrado gran popularidad en el último decenio, pero sus usos se remontan a la antigüedad. Son formas naturales de energía eléctrica, conocida como energía piezoeléctrica. Cada piedra o cristal libera su propia frecuencia, por lo cual algunos son muy efectivos para ayudar a inducir tipos específicos de estados alterados.

El simple hecho de sostener el cristal o piedra apropiado en la mano durante la meditación sobre vidas pasadas hará que funcione. En algunos casos puede pegar con una cinta un trozo pequeño en la frente, en el área entre los dos ojos. Esto ayudará a impulsar la energía eléctrica, de modo que estimule el tercer ojo, que es su visión interior.

Aunque cualquier cristal de cuarzo puede programarse para ayudar a despertar información sobre vidas pasadas, algunos cristales y piedras lo hacen más naturalmente.

Amatista: esta es una piedra excelente para cualquier proceso de meditación. Ayuda a transmutar la conciencia normal a los niveles más profundos de la mente subconsciente. Su color violeta es una combinación de rojo y azul: lo físico y lo espiritual, el presente y el pasado.

Cornalina: esta piedra de color naranja toma su nombre de una palabra en latín que significa carne. Tiene vínculos con la carne de nuestro pasado y con la carne de nuestro presente. En las meditaciones sobre vidas pasadas, puede ayudar a entender cómo utilizar el conocimiento de existencias anteriores para reconfigurar el presente.

Cuarzo transparente de punta doble: este es un cuarzo con punta en sus dos extremos. Constituye una herramienta de meditación muy efectiva, independientemente del tipo de meditación que se realice. Simboliza —con sus dos puntas— la conexión de un plano con el otro. En la exploración de vidas pasadas, ayuda a entender cómo el pasado se está reflejando en el presente.

Hematites: esta piedra de color gris plateado es muy efectiva para despertar la mente subconsciente y sus bancos de memoria. Es particularmente efectiva en las regresiones a vidas pasadas mediante la hipnosis. Despierta suavemente la concientización sobre vidas pasadas y le ayuda a la persona a colocar este conocimiento en una perspectiva actual.

Lapislázuli: esta piedra es poderosa en terapias de vidas pasadas, sobre todo si se pega una en la frente durante la meditación. Despierta la visión interior que nos permite penetrar en áreas del subconsciente que quizá estén bloqueadas o que nos inspiren resistencia. Puede ayudar a ver el pasado que necesita limpiarse, que ya no necesitamos llevar con nosotros. Ayuda a identificar, liberar y sanar antiguos patrones y heridas que hemos traído a nuestra vida actual.

Cristales con espectro: estos son muy poderosos en las meditaciones sobre vidas pasadas. Dejan percibir dominios y dimensiones de la verdadera realidad. Los que contienen elementos de tierra que forman el espectro (por ejemplo plomo) son incluso más efectivos. Simbolizan la vida pasada que nos sigue hasta el presente como un espectro.

Cristales tabulares: resultan también muy efectivos en las meditaciones sobre vidas pasadas. Los tabulares son cristales de cuarzo planos, con dos lados opuestos más grandes y anchos. Son un nexo entre el pasado y el presente, la conciencia y el subconsciente, lo físico y lo espiritual. Estimulan el conocimiento sobre cómo vincular dos puntos. En las meditaciones sobre vidas pasadas sirven para ayudarnos a integrar las lecciones del pasado con el presente de modo positivo, a fin de que no repitamos los patrones antiguos. También equilibran cualquier respuesta emocional fuerte ante revelaciones de vidas pasadas.

6

Terapia de vidas pasadas a través del árbol de la vida

*E*xisten numerosas imágenes que resultan efectivas en la meditación para estimular el recuerdo de vidas anteriores. Escoja conscientemente el escenario que desee. Asegúrese de que las imágenes reflejen su propósito. Aprender a emplear y enfocar imágenes específicas para efectos específicos es un proceso mágico. Si está realizando una meditación sobre vidas pasadas, asegúrese de que las imágenes que componen el marco de la meditación son apropiadas para tal fin. Si no lo son, le será difícil acceder a su memoria subconsciente.

También es importante entender que el alma crea salvaguardias que nos protegen. A menos que esté abusando de la exploración de vidas anteriores (haciéndolo todas las noches, dejándose llevar por el atractivo superficial, no buscando nunca aplicaciones prácticas, etcétera), la información que reciba siempre estará centrada sólo en torno a vidas pasadas que lo están afectando en la actualidad. Con frecuencia, empero, la dificultad surge al querer determinar dónde y cómo esa vida lo está afectando ahora.

Sin embargo, existen formas de trabajar con la exploración de vidas pasadas que pueden ayudar a revelarle cuáles áreas de su vida están siendo más afectadas. Puede explorar sus existencias anteriores de una forma muy directa. Por ejemplo, si está afrontando problemas románticos, existe una manera de realizar una meditación sobre vidas pasadas que le mostrará si los problemas actuales son efecto de una vida anterior o si representan una nueva experiencia de aprendizaje en el presente.

Esto se puede lograr con una modalidad de meditación cabalística. La cábala es una forma antigua de misticismo que en un nivel enseña cómo se formó el universo, y en otro nivel más práctico enseña cómo acceder a los diferentes planos de la mente consciente, de modo que podamos aprovechar las diversas energías del universo. Nos enseña cómo adentrarnos en nosotros mismos, hasta esos planos de la mente subconsciente a través de los cuales podemos obtener acceso a las distintas fuerzas y energías de los cielos.

El árbol de la vida es la imagen primaria para enseñar este proceso. Es un diagrama que muestra diez niveles. Cada uno de ellos representa un nivel específico de la mente subconsciente. Cada nivel también tiene una serie de energías correspondientes y características asociadas con él, y tenemos acceso a ellas si aprendemos a abrir ese plano del subconsciente. Este libro no pretende enseñar todos estos aspectos. Nos ocuparemos únicamente de cómo utilizar el árbol de la vida cabalístico en la exploración de vidas pasadas. (Si desea información más detallada sobre la cábala y sus múltiples correspondencias, puede leer mis dos libros anteriores sobre ese tema: *Simplified Magic*, Llewellyn, 1989 e *Imagick*, Llewellyn, 1989).

El árbol es un símbolo antiguo. Representa cosas que crecen y evolucionan. Es el puente entre los cielos y la tierra. La utilización de su imagen resulta muy provechosa en la exploración de vidas pasadas. Un árbol tiene raíces en la tierra, al tiempo que extiende sus ramas hacia las alturas. Así mismo, nosotros tenemos raíces en el pasado, mientras intentamos elevarnos a nuevas alturas.

Existen numerosos símbolos y asociaciones tradicionales para cada nivel del árbol. Estos son símbolos de energías específicas disponibles en ese nivel de la mente subconsciente. Una de las

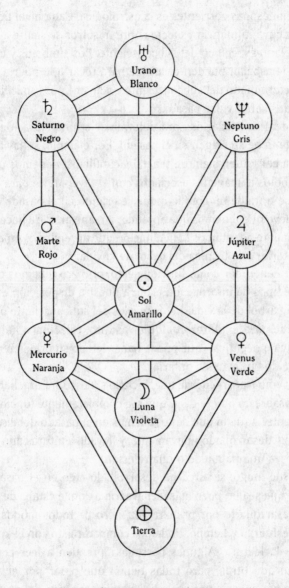

EL ÁRBOL DE LA VIDA

asociaciones más corrientes es la astrológica. Cada nivel tiene un planeta cuya influencia y efecto sobre nosotros se siente a través de un plano específico del subconsciente. Los símbolos y colores que se le asocian pueden utilizarse para tocar a la puerta de un nivel determinado del subconsciente y activar tipos específicos de recuerdos sobre vidas pasadas.

Podemos utilizarlos para determinar si una situación en el presente tiene su origen en el pasado. Por ejemplo, si hay alguna persona con quien siempre tenemos conflictos, podemos utilizar los símbolos e imágenes asociados con el nivel Marte para descubrir si se trata de un conflicto que se originó en el pasado o si es algo nuevo que tenemos que aprender a manejar. Para hacer esto, simplemente adaptamos la meditación que aprendimos en el capítulo anterior a la técnica del árbol de la vida.

Para entender cómo funciona esto, primero tenemos que saber qué tipos de información están a nuestra disposición en cada nivel del árbol de la vida. Estos niveles del subconsciente pueden utilizarse para explorar cualquier asunto, relación o habilidad —positiva o negativa— que pueda haber tenido su origen o patrón establecido en una vida anterior.

Sin embargo, recuerde que, incluso si descubre una habilidad en el pasado, no quiere decir que sea completamente funcional en el presente. Aquello que desarrollamos en el pasado debe ser despertado y desarrollado nuevamente, y llevado a alturas aún mayores (ya sea una habilidad o una relación).

Desde luego, si usted ha desarrollado algo en el pasado, es posible que sea un poco más fácil traerlo a donde estaba de lo que sería desarrollarlo por primera vez, pero de todos modos se requiere esfuerzo y tiempo. Podemos comparar esto con el aprendizaje de la lectura. Algunas personas aprenden a leer con más facilidad que otras, pero todas tienen que pasar por el mismo proceso básico paso por paso. Independientemente del pasado, el individuo de todas formas tiene que volver a forjar las condiciones para una iluminación más elevada. No obstante, el conocer las habilidades que desarrollamos en el pasado puede servir de guía para nuestro desarrollo actual.

Nivel Tierra

Este es en el que estamos en el presente. Desde él iniciamos siempre nuestra meditación. La idea es relacionar y aplicar todo lo que descubra a su vida actual. Recuerde: si lo que experimenta no le ayuda a solucionar un problema, a colocar una situación en una nueva perspectiva, a manejar algo de modo más productivo o a sacarle un mejor provecho, entonces no está cumpliendo ningún propósito.

Nivel Luna

Activar este nivel de la mente subconsciente y realizar una meditación de vidas pasadas puede mostrarle por qué las cosas suceden cuando lo hacen. Puede utilizarse para ayudarle a encontrar orígenes —si los hay— en vidas pasadas de obstáculos importantes en sus planes de vida. Este nivel puede abrir información de vidas pasadas relacionada con cualquiera de sus emociones: buenas, malas o indiferentes. También puede emplearse para mostrarle las circunstancias en las que usted abrió su intuición en el pasado.

Nivel Mercurio

Si activa este nivel del subconsciente y realiza una meditación sobre vidas pasadas, puede descubrir conexiones que tienen que ver con educación, tales como vínculos entre usted y su(s) maestro(s) o entre usted y su(s) estudiante(s). Cualquier asunto que tenga que ver con educación, verdad, comunicación y ciencias, puede ser iluminado a través de este nivel del subconsciente. Si a alguien en su vida le resulta difícil ser veraz con usted, este es el nivel que puede revelar cualquier relación de vidas pasadas a este respecto. Si es a usted a quien se le dificulta decir la verdad, este también es el nivel. La dificultad para hablar o para escuchar cuando otros hablan puede explicarse mediante la exploración de vidas pasadas a este nivel.

Nivel Venus

Este es el nivel del subconsciente que debe activar si desea descubrir patrones y conexiones de vida pasada en sus relaciones, sobre todo las románticas. Los asuntos referentes a la sexualidad que tengan que ver con otros pueden revelar sus orígenes en vidas pasadas más fácilmente a través de este nivel en particular. Este es el nivel que se debe utilizar para descubrir fuentes en vidas pasadas para el desarrollo de energías y habilidades creativas y artísticas. En los casos de niños prodigio, este nivel puede ayudar a descubrir las experiencias de vidas anteriores que ayudaron a manifestar este camino en el presente.

Nivel Sol

Este es el nivel que debe activarse en exploración de vidas pasadas para cualquier cosa que tenga que ver con la salud y con el bienestar personal. Los temas relacionados con religión pueden tener su origen en el pasado y pueden ser descubiertos más fácilmente a través de este nivel del subconsciente. Este nivel puede revelar si la inseguridad, la envidia o el orgullo se originaron en vidas pasadas. Por otra parte, el idealismo, una alta dosis de compasión y la habilidad de sanar son, con frecuencia, el resultado de esfuerzos realizados en vidas anteriores. Este nivel puede resultar iluminador en este tipo de desarrollo.

Nivel Marte (y Plutón)

Cuando se realiza una exploración de vidas pasadas en este nivel del subconsciente, se pueden descubrir nexos de vidas pasadas con asuntos y relaciones destructivas. La crueldad y la voluntad férrea (pugnas de voluntad) pueden tener sus orígenes en vidas pasadas, lo mismo que el juicio crítico y un marcado sentimiento de discriminación. La actitud protectora con respecto a quienes lo rodean también puede tener su origen en el pasado. Este nivel puede brindar una buena percepción sobre los orígenes de enemistades y discordia en nuestra vida actual, y sobre lo que hemos escogido superar en la vida presente. Este es el nivel que se debe utilizar para descubrir si la hiperactividad y otras expresiones desequilibradas de energía tienen su origen en vidas pasadas. Utilice este nivel para descubrir cómo ha derrotado a sus dragones en el pasado. Las lecciones sobre transiciones, el desligarse de lo viejo, etcétera, también pueden tener origen en el pasado.

Nivel Júpiter

Este es el nivel de la mente subconsciente que debemos activar para descubrir fuentes de asuntos de abundancia y dinero en vidas pasadas. Este nivel nos puede ayudar a entender la justicia (o falta de ella) en nuestras vidas. Puede utilizarse para descubrir los caminos tomados en las búsquedas espirituales durante el pasado. Este es un nivel que puede revelar los aspectos más elevados de compasión y paz que han sido desarrollados en el pasado y la forma en que lo están afectando en el presente. Algunos problemas como la hipocresía, el dogmatismo, la presunción y el fariseísmo también pueden tener sus orígenes en el pasado. La meditación sobre vidas pasadas a este nivel revelará si esto es así. También puede revelar los orígenes de nuestro sentido de compromiso e idealismo.

Nivel Saturno

El activar este nivel del subconsciente y realizar una meditación sobre vidas pasadas le ayudarán a ver las tristezas, las cargas y los sacrificios que se ha traído del pasado. Es bueno conectarse con este nivel para entender su relación con su madre, o una relación de padre a hijo en el pasado. Si está próximo a ser madre o padre, es el nivel que puede revelarle su conexión de vida pasada con el alma entrante. Las conexiones y relaciones familiares generales de vidas anteriores pueden revelarse aquí. Si se trata de un asunto en particular, por ejemplo el estar siempre peleando con un hermano o hermana, puede ser mejor explorar las asociaciones de vidas pasadas a través del nivel Marte.

En las enseñanzas cabalísticas, este es el nivel mediante el cual se puede acceder a los archivos akásicos, que son la memoria de todo lo hecho en cualquier nivel y en cualquier tiempo. Los sordos, los mudos o los sordomudos pueden encontrar la conexión con vidas pasadas —si existe alguna— a través de este nivel del subconsciente. Este es el nivel que se debe utilizar para detectar orígenes de temores en existencias anteriores, ya sean conocidos o desconocidos. También es el nivel que se debe utilizar para descubrir lecciones asociadas con el nacimiento y la muerte que vienen del pasado.

Nivel Neptuno

Este es un nivel del subconsciente que puede utilizar para entender sus vínculos pasados con su padre. Los padres pueden emplearlo efectivamente para descubrir sus nexos con sus hijos. Este nivel puede revelar habilidades en vidas pasadas que usted no conocía y que puede reactivar en su vida actual. Cualquier nuevo esfuerzo que tenga su origen en una vida anterior puede descubrirse a través de este nivel. La superstición y el temor al futuro también pueden tener su origen en el pasado, y el nivel Neptuno lo puede revelar. Cualquier vida pasada y existencias que hayan ocurrido en otros planetas se pueden poner de manifiesto en este nivel. El interés por la astronomía y por la astrología también puede tener su origen en el pasado. De ser así, este nivel del subconsciente lo revelará.

Nivel Urano

Este es un nivel del subconsciente que podemos utilizar para descubrir fuentes de creatividad originadas en el pasado y que fácilmente podemos reactivar. Es un nivel en el cual podemos abrirnos a información sobre nuestros temas espirituales personales. Los sentimientos de no ser entendido o sentir como si no perteneciéramos a ningún lugar pueden tener fuentes en vidas anteriores que es posible descubrir a través de este nivel del subconsciente. Si cuestiones como autonegación, autoimágenes muy negativas y problemas para afrontar la realidad tienen su origen en el pasado, este es un nivel que lo puede revelar. Hay formas de utilizar este nivel del subconsciente para abrir la visión al siguiente nacimiento y para revelaciones sobre progresiones de vida futuras.

Ejercicio:
Cómo utilizar el árbol de la vida en meditaciones sobre vidas pasadas

No es difícil activar uno de estos niveles del subconsciente. Sólo se requieren el color que se le asocia y su símbolo astrológico. El símbolo y el color se incorporan en la meditación, pero usted puede crear el marco mental apropiado simplemente prendiendo una vela del color asociado con el nivel.

El color nos afecta a niveles físicos, emocionales, mentales y espirituales. Insta tipos específicos de respuestas en la mente. Si quiere estimular el nivel Sol, prenda una vela amarilla. A medida que la vela se consume durante la meditación, su energía interactuará con su aura, envolviéndolo, penetrándolo y estimulando el nivel apropiado de su subconsciente. Esto, al combinarse con las imágenes en un escenario adecuado de vida pasada, ayudará a liberar información sobre existencias anteriores en la dirección deseada.

La meditación con cualquiera de los niveles del árbol de la vida funciona mucho mejor cuando ya usted haya tenido algún éxito al abrir la galería de su vida (capítulo 4). Es mucho más fácil explorar asuntos y vidas específicas una vez haya abierto el acceso al pasado en general.

Realice el ejercicio de la galería de la vida como calentamiento. Hágalo el día antes de que comience a trabajar con el árbol de la vida. Luego realice el ejercicio del árbol de la vida tres días seguidos. El realizarlo tres veces establece un ritmo creativo y ayuda a activar la informacion sobre vidas pasadas más creativamente y con mayor fuerza. Si los efectos son mínimos, aguarde una semana y luego repita este procedimiento. Casi nunca tendrá que repetirlo más de dos veces a fin de obtener los resultados deseados.

1. Decida qué asunto desea explorar en un nivel de vida pasada. Por ejemplo, tal vez desee entender algo relacionado con su madre.

2. Luego decida qué nivel es el más apropiado para el tema elegido. Como la información sobre la madre es más apropiada para el nivel Saturno, ese es el nivel del subconsciente que usted querrá activar y utilizar con su meditación sobre vidas pasadas.

3. Prepárese como lo hizo con la meditación al final del capítulo anterior. Descuelgue el teléfono. Asegúrese de no ser molestado.

4. Agrupe sus elementos de ayuda para meditaciones sobre vidas pasadas; por ejemplo, fragancia, esencia floral y/o cristal. Tenga también lista la vela apropiada. Revise el símbolo del nivel al cual quiere acceder.

5. Ahora prenda la vela y el incienso. Cierre los ojos y respire rítmicamente durante varios minutos, como se explicó antes. Luego proceda a realizar una relajación progresiva, concentrándose en cada parte de su cuerpo, enviándoles energías cálidas y calmantes.

6. Ahora visualice en su mente la escena que sigue:

Se encuentra en medio de una hermosa pradera. Es fresca y verde. En la mitad de la pradera se yergue un roble gigantesco. Es antiguo y de tronco nudoso y sus enormes ramas se extienden hacia arriba, más allá de las nubes hasta llegar a los mismos cielos. Se da cuenta de que sus raíces deben hundirse muy profundamente en el corazón mismo de la tierra.

Se acerca y observa que existe una pequeña puerta en la base del árbol. Al aproximarse aún más, experimenta una sensación de asombro. Grabado en la corteza de la puerta está el símbolo de la Tierra, un círculo con una cruz de brazos de idéntico tamaño adentro. Debajo de esa insignia, ve su nombre completo también grabado intrincadamente en la corteza. Su intuición le dice que este es su árbol de la vida, que contiene las raíces de su pasado y los retoños de su futuro.

La puerta se abre, invitándolo a entrar. Al atravesar el umbral, se encuentra en un recinto suavemente iluminado. Es cálido y como un remanso de paz. El piso y las paredes tienen los colores de la tierra: marrones, verdes, pardos y dorados. Se adentra un poco más, y en la parte de atrás de la habitación ve una escalera dorada que desciende entre la bruma perdida en las profundidades.

7. Baja las escaleras como lo hizo en la meditación descrita al final del capítulo 4. Al llegar abajo, se encuentra en un cuarto

circular. En el fondo del recinto encuentra la misma puerta masiva, pero está pintada del color del nivel de subconsiente que quiere activar (si es el nivel Saturno, entonces la puerta será negra; si está en el nivel Júpiter, la puerta será azul).

Su nombre está grabado en la puerta lo mismo que antes, pero también está grabado el símbolo (el glifo astrológico) del nivel que ha escogido. La puerta se abre, derramando luz dorada y azul que bendice, sana y lo atrae. Cuando traspasa el umbral la puerta se cierra detrás de usted, la luz azul y dorada se desvanece y se encuentra en esa antigua galería, pero ahora es del color del nivel que está activando. Todos los artefactos, vestigios, esculturas, paredes, piso y cielo raso son de ese color (si es el nivel Saturno, entonces todo será negro; si es el nivel Júpiter, toda la galería será azul).

8. Se aproxima a la pared sobre la cual pendía el cuadro original. A medida que se acerca, observa que ahora hay dos marcos para retratos de tamaño real. En el centro de cada lienzo hay un gran símbolo astrológico que corresponde a ese nivel, del color relacionado. Si es el nivel Saturno, visualizará un gran glifo astrológico de Saturno (♄) de color negro en el centro del lienzo. Alrededor de los marcos hay aros con glifos astrológicos para ese nivel.

A medida que usted se concentra en el retrato del lado derecho, el símbolo astrológico se desvanece y en su lugar se va formando una imagen actual de usted y de la persona con quien quiere descubrir sus conexiones pasadas. Si no es una persona sino más bien un asunto, visualice una escena en el cuadro de la derecha que describa dicho asunto de alguna manera.

Ahora concéntrese en el retrato del lado izquierdo. Permita que la imagen del símbolo astrológico que está en el centro se desvanezca. Al hacerlo, deje que aparezca una nueva escena. Ahora siga el mismo procedimiento que utilizó en la anterior meditación.

Recuerde que esta es su galería. Busque las placas de cobre. Sienta lo que está grabado allí. Permita que la imagen se cristalice. Hágase preguntas. ¿Cuál es la relación? ¿Qué tipo de vida fue? Confíe en sus impresiones. Permita que la escena cambie y revele otros aspectos de esa vida si así lo quiere. ¿Qué emociones siente? ¿Qué está ocurriendo? A medida que se le van revelando las imágenes, mire ocasionalmente el retrato de la derecha para ver cómo esos sucesos del pasado lo están afectando en el presente.

Permita que la palabra o frase que fue el regalo de esa vida se revele en la parte superior del cuadro.

9. Ahora deje que la imagen de la izquierda se desvanezca y sea remplazada por el símbolo astrológico. Luego permita que la imagen en el cuadro de la derecha se diluya y también sea remplazada por el símbolo astrológico. Aléjese de los retratos y acérquese a la puerta. Obsérvese rodeado por la luz azul y dorada y, cuando se abra la puerta de la galería, salga.

10. Suba las escaleras lo mismo que en la meditación original. Cuando llegue a la parte superior de las escaleras, estará de pie en ese cuarto de colores tierra en el interior del árbol de la vida. Atraviese el recinto y salga del árbol. Al cerrarse la puerta a su espalda, ve el grabado del símbolo de la Tierra con su propio nombre encima. Ahora permita que la imagen de la pradera se desvanezca y deje que su conciencia sobre su estado presente regrese en medio de una sensación de paz y bienestar.

Consigne su experiencia en la galería. Al escribir el resultado de estos ejercicios en su diario de vidas pasadas, descubrirá que las escenas se aclaran y recibirá todavía más inormación y conocimientos.

Si no apareció imagen alguna en el cuadro de la izquierda, aguarde un día y luego realice el ejercicio de nuevo. Repítalo por tercera vez si es necesario. Si la tercera vez no aparece nada, lo más probable es que la conexión actual sea una nueva situación de aprendizaje que surge por primera vez en esta encarnación. Si la experiencia no fue tan dinámica como esperaba pero sí sintió algo, aguarde un par de días y luego repita el ejercicio. Verá cómo mejora cada vez.

No se constriña demasiado en este formato. Una vez haya dominado el proceso básico de meditación, adáptelo. Experimente con él. No olvide, sin embargo, que la clave para acceder a recuerdos relacionados con asuntos específicos está en utilizar el color y los símbolos. A medida que aprenda a hacer esto, verá que es muy poco lo que no puede descubrir acerca de usted mismo.

7

Autohipnosis y concientización sobre vidas pasadas

*L*a hipnosis es una de las formas más corrientes de explorar vidas pasadas. Sin embargo, últimamente este método ha suscitado bastantes dudas. Algunas personas dicen que la hipnosis no es una herramienta viable puesto que el hipnoterapeuta hace sugestiones sobre lo que el hipnotizado debe o no sentir. Aunque esto puede ser cierto en algunos casos, un buen hipnoterapeuta de vidas pasadas simplemente suministrará un marco básico que le ayudará a la persona a recordar una existencia anterior. De nuevo, la clave está en tener siempre presente que lo importante es poder utilizar de modo productivo la información sobre vidas pasadas, independientemente de cómo se obtenga.

La Asociación Médica Estadounidense una vez definió la hipnosis como un aumento de la sugestibilidad. Es un medio que activa la mente subconsciente para cumplir una función en particular. La mente consciente es el sitio donde se originan nuestra actividad cerebral organizada y nuestra fuerza de voluntad. Es lo que utilizamos cuando estamos activos, despiertos y conscientes, pero sólo controla aproximadamente el diez por ciento del cuerpo y el cerebro. Por su parte, la mente subconsciente es el sitio donde se encuentran nuestro banco de memoria, nuestra autoimagen, nuestras percepciones sobre otros y nuestra intuición. Controla aproximadamente el 90 por ciento de las funciones corporales y cerebrales, incluyendo el sistema nervioso autonómico. Por medio de la hipnosis podemos acceder más efectivamente a estas diversas funciones.

Antes de 1950, la hipnosis se utilizaba más que todo para fines curativos y de entretención. En la actualidad existen muchas otras aplicaciones terapéuticas y no terapéuticas, que van desde el control de peso y el alivio del estrés hasta el fortalecimiento de la autoestima e incluso el descubrimiento de vidas pasadas.

La hipnosis no significa poner a dormir ni quiere decir que no se está consciente de lo que lo rodea a uno. No es preciso alcanzar un estado de trance profundo para ser ayudado o para experimentar los efectos. De hecho, el 95 por ciento de la población adulta es capaz de llegar a un estado de trance ligero, y eso es todo lo que se requiere para activar el subconsciente y realizar una sesión efectiva.

También existen otras nociones erróneas sobre la hipnosis. No es cierto que lo puedan obligar a uno a realizar algo que va en contra de sus principios. Con frecuencia uno está completamente consciente de lo que lo rodea. No requiere de una mente débil para ser efectiva. No es posible obligar a alguien a revelar sus secretos, y no va en contra de la religión.

Estas afirmaciones son, desde luego, generalizaciones. Por supuesto, existen formas sutiles de utilizar la hipnosis para estimular el subconsciente por caminos torcidos que pueden pasar encima de las restricciones morales e incluso forzar al hipnotizado a revelar secretos. Sin embargo, para hacer esto, se necesita de alguien muy hábil en la hipnosis y muy bien entrenado en terapia clínica. Las técnicas hipnóticas que se suministran en este texto para realizar exploraciones de vidas pasadas son directas y no utilizan ese tipo de procedimientos.

La hipnosis es un estado de relajamiento profundo naturalmente inducido. Requiere de algo de inteligencia, voluntad para conseguir un estado alterado, concentración y motivación adecuada. Permite evadir la mente consciente para acceder al subconsciente.

	SÍNTOMAS
	Compenetración
	Relajación
	Ojos cerrados
	Relajación física completa
LAS CONDICIONES	Temblor de párpados
HIPNÓTICAS Y DE TRANCE	Catalepsia de los ojos
LIGERO/MEDIANO	Catalepsia de los miembros
SON RECONOCIBLES	Analgesia
	Relajación física
	y mental total
	Anestesia
	Amnesia parcial
	Sugestión posthipnótica
	Respuesta

RECONOCER LOS EFECTOS HIPNÓTICOS

El noventa y cinco por ciento de la población adulta tiene la capacidad de alcanzar una condición de trance entre ligero y mediano desde el primer intento. Esto es todo lo que se requiere para acceder a la mente subconsciente y obtener resultados a través de una regresión a vidas pasadas. Los síntomas son algunas señales tangibles que le permiten al hipnoterapeuta saber que ya se alcanzó la condición de trance ligero y que puede iniciar la exploración de vidas pasadas.

Antes de poder utilizar la hipnosis con el máximo provecho posible, sobre todo en exploración de vidas pasadas, es preciso comprender muy bien los principios involucrados, en especial aquellos que pueden ayudar a identificar nuestro crecimiento y nuestros patrones de comportamiento e influir sobre ellos. Los recursos usuales —fuerza, drogas, recompensa, castigo y razonamiento— no son tan efectivos como las imágenes sugeridas que son introducidas en nuestras mentes mientras estamos en un estado de conciencia alterado.

Para realizar la exploración de vidas pasadas utilizaremos un procedimiento hipnótico en cuatro pasos. Al final de este capítulo hay una inducción hipnótica palabra por palabra que usted mismo puede emplear. Utilice estos mismos cuatro pasos.

1. *Inducción del estado de conciencia alterado*. Si ha estado realizando los ejercicios anteriores, ya habrá dominado este aspecto. La clave está en concentrarse en una respiración profunda y rítmica.

2. *Profundización del estado de conciencia alterado*. Para esta fase también utilizaremos lo que ya hemos aprendido: el relajamiento progresivo. Concentraremos nuestra atención en cada parte del cuerpo y las relajaremos una por una. Tómese todo el tiempo que necesite en esta parte. Mientras más profunda sea la relajación, mayores efectos tendrá la sesión.

3. *Mantenimiento y utilización del estado alterado*. En esta etapa emplearemos imaginería y sugestiones particulares para estimular el subconsciente de modo que revele recuerdos específicos de vidas pasadas.

4. *Terminación y salida*. Esta etapa entraña la utilización de un refuerzo positivo con respecto a la experiencia y el regreso suave al estado de conciencia normal. Es un buen momento para realizar sugestiones poshipnóticas para exploraciones futuras, así como para reforzar la aceptación y utilización positiva de la experiencia.

Cómo funcionan la sugestión y las imágenes hipnóticas

Nuestro subconsciente responde a sugestiones e imágenes de modo muy definible. Existe un antiguo axioma del ocultismo que dice: *Toda la energía sigue al pensamiento.* En donde pongamos nuestros pensamientos, allí se dirige nuestra energía. Debemos recordar que el subconsciente reacciona y responde de manera muy literal a nuestros pensamientos y palabras.

Les decimos a nuestros amigos que hemos perdido cinco kilos y el subconsciente se activa: ¿perdido?, pregunta. Mejor voy a buscarlos. Y entonces comienza a trabajar con sus funciones corporales y mentales de modo que se recuperen los cinco kilos (por lo general agrega un par adicionales por si acaso los vuelve a perder). Nos decimos a nosotros mismos que atrapamos dos resfriados todos los inviernos, y el subconsciente comienza a trabajar con su sistema fisiológico de manera tal que, cuando llega el invierno, usted está más susceptible a atrapar esos dos resfriados. Por esta razon, las sugestiones e imágenes hipnóticas siempre deben ser planteadas de modo claro, grato y positivo.

En la hipnosis existen cuatro leyes de sugestión e imaginería básicas:

1. *La ley de atención concentrada.* Cuando usted concentra su atención en una idea una y otra vez, la idea tiende a realizarse. Mientras más se concentre en ella en un estado de conciencia alterado, más rápida y contundente será esa realización.

2. *La ley del efecto contrario.* Mientras más se esfuerce por realizar algo, menos probabilidades de éxito tendrá. Esto se debe a que, si se esfuerza demasiado, no se está relajando lo suficiente para permitir que el poderoso subconsciente realice el trabajo por usted. Su esfuerzo tenso y ansioso envía un mensaje silencioso de temor de fracasar al subconsciente, y el mensaje tiende a realizarse.

3. *La ley del efecto dominante.* Una emoción fuerte remplazará a una más débil. Permita que emerja la emoción más fuerte. Es un proceso de limpieza y sanación. Un ejemplo corriente se observa cuando explota la ira y luego es remplazada por calma. A través de la autohipnosis, podemos liberar las emociones fuertes de vidas pasadas que todavía nos están afectando de modo controlado. En esta ley también está implícita, en lo que respecta a regresiones a vidas pasadas, la idea de que las vidas anteriores que lo están afectando más emotivamente en el presente son las que primero se revelarán.

4. *La ley de la fuerza de voluntad y la imaginación.* Siempre que la fuerza de voluntad desafíe a la imaginación, esta última ganará. La fuerza de voluntad es parte de la mente consciente, y la imaginación forma parte de las actividades de la mente subconsciente. La mente subconsciente es más fuerte. No podemos simplemente forzarnos a recordar vidas pasadas por medio de la voluntad consciente. Utilizamos la imaginación, a través de sugestiones, para estimular el subconsciente de modo que libere la energía y/o la información requeridas.

En la hipnosis y en la meditación se presenta un fenómeno conocido como resistencia. La resistencia ocurre en el nivel subconsciente de la mente. Es ese momento en la sesión en el que la mente se pone a divagar, o discute con la sugestión, o "levanta las cejas" ante las imágenes que se están utilizando. De hecho, esta es una señal positiva. ¡Le indica que ya tocó el subconsciente!

A través de estados alterados controlados, tales como la meditación y la hipnosis, trabajamos para controlar y dirigir la mente subconsciente. Luego de años de habérsele permitido andar por doquier y hacer lo que quiera cuando lo quiera, la mente subconsciente se resiste a ser controlada. Trata de evitar seguir las sugestiones o la imagen. Así, busca distraer la mente y permanecer desenfocada.

Cuando note que su mente divaga, no se preocupe. La preocupación sólo lo regresará a un estado de mente consciente. Simplemente vuelva a dirigir su atención al punto focal. Es posible que tenga que repetir esto varias veces, pero cada vez que retorne a su foco, le estará enseñando al subconsciente a seguirlo a usted en lugar de ser usted quien lo sigue a él. Y las sesiones serán cada vez más efectivas.

Conocimiento de vidas pasadas mediante autohipnosis

Como la sugestión hipnótica es tan efectiva, utilizaremos una modalidad de autohipnosis mientras encuentra un hipnoterapeuta calificado y capacitado. Cualquier estado alterado aumentará su susceptibilidad a la sugestión. Con la autohipnosis, tiene la garantía de que sólo estará siendo influenciado por sus propios pensamientos, entonaciones y direcciones. Le recomiendo grabar el ejercicio de regresión que aparece al final de este capítulo, o que cree una versión propia. Luego simplemente siéntese o recuéstese y permita que su propia voz lo conduzca en la regresión a vidas pasadas.

En cualquier buena sesión hipnótica se pueden experimentar determinados efectos. El más común es la distorsión del tiempo. Con frecuencia el individuo siente que el tiempo transcurrido ha sido mucho mayor de lo que en realidad fue. Puede haber movimientos corporales involuntarios. Estos muchas veces se manifiestan bajo la forma de contracciones nerviosas a medida que el cuerpo comienza a relajarse. Algunas personas pueden ver imágenes y colores específicos, mientras que otras sólo tendrán una impresión. Otras quizá sólo escuchen. Como se mencionó antes, nada de esto es mejor o peor que lo demás. Es simplemente una experiencia única para cada individuo. Tendrá una sensación extrema de relajación, pesadez o incluso ligereza. Puede haber sensaciones de adormecimiento, crecimiento, encogimiento o incluso de estiramiento.

En las regresiones a vidas pasadas, incluso cuando se hacen mediante autohipnosis, cada persona responderá y reaccionará de modo diferente. Es factible que reviva los sentimientos y las emociones de la experiencia de vida pasada en toda su intensidad. (En la inducción autohipnótica del final de este capítulo, se incluyen sugestiones para suavizar este efecto). Es posible que presencie la vida pasada como si estuviera viendo una película. Tal vez sólo tenga una sensación acerca de un tiempo y un lugar en particular, aunque no vea o experimente nada específico.

Una buena regresión a una vida pasada le ayuda a la persona a revivir la experiencia y no sólo a recordarla. En el método que utilizaremos, sólo nos concentraremos en el recuerdo. No olvide que el conocimiento de vidas pasadas puede abrir su conciencia a dolores emocionales y físicos. Es un catalizador de lo que en último término usted habrá de afrontar. Tendrá que encontrar la forma de armonizar e integrar esta experiencia con su vida actual.

La hipnosis de vidas pasadas no es un juego y siempre entraña variables libres. No comience con nociones preconcebidas. Esté preparado para lo peor. Esté listo para afrontar un traumatismo en el pasado. Es factible que algo así nunca se revele, pero la posibilidad existe. Las regresiones a vidas pasadas pueden revelar verdades sobre usted mismo que quizá le cueste trabajo aceptar y manejar.

Ante todo, aborde la experiencia con un sentido saludable de discriminación. Distinga la fantasía incontrolada y el simple deseo. Los escenarios de existencias anteriores pueden construirse con gran detalle, incluso si son inventados. Pregúntese constantemente: ¿cómo se aplica esto a mi presente?, ¿qué beneficio me reporta esta información ahora?, ¿cómo me puede ayudar esta información en mi vida actual? Utilice el diario de vidas pasadas para registrar la experiencia y evaluarla; esto le ayudará a ser pragmático.

Consejos prácticos para realizar una autohipnosis de vidas pasadas

La clave para realizar una buena sesión de autohipnosis es la inducción. La forma más fácil de lograrlo es grabando la sesión y luego simplemente escuchando la cinta. Hay algunas palabras y frases claves que puede incorporar en su proceso de inducción para que le ayuden a entrar en un estado alterado profundo. Algunas de estas se emplean en la inducción de muestra que figura al final de este capítulo, pero no tema ser creativo. Utilice esta lista para elaborar sus propias frases:

— hundiéndose
— yendo más y más profundo
— déjese ir
— mientras más profundo llega, mejor se siente
— permita que su cuerpo flote
— tranquilidad
— paz... sensación de paz... calma
— sereno
— grato... agradable... maravilloso
— silencio... descansado
— relajarse
— soltarse... flácido... flojo
— descansar tranquilamente... quieto
— pesado... pesadez
— bueno... natural... suave
— calmante... inerte... entumecido
— sensación de bienestar

Colóquese en una posición cómoda y asegúrese de que nadie lo va a molestar. Quítese las gafas (si tiene) y, sobre todo, descuelgue el teléfono. Cuando grabe la inducción, utilice una voz suave y monótona. Haga énfasis repetidamente en las palabras claves (pesado, relajado, calmante, tranquilo, más profundo, etcétera). Use sugestiones breves y sencillas.

Si existe la posibilidad de escuchar ruidos exteriores durante la sesión, utilice esta eventualidad en la inducción para profundizar el estado alterado. Por ejemplo, incluya una frase como "cualquier ruido exterior parecerá muy distante y sólo servirá para relajarlo aún más profundamente".

Utilizaremos una variación de la meditación anterior y simplemente la adaptaremos a una sesión autohipnótica. Puede grabar la sesión exactamente como aparece en este texto o ajustarla a la forma en que usted cree que funcionará mejor para usted. Léala varias veces antes de grabarla.

La sesión se divide en cuatro niveles distintivos: 1) inducción; 2) profundización; 3) mantenimiento y utilización, y 4) terminación y salida. Como una sesión de hipnosis quizá sea larga, puede grabar la inducción básica y la profundización en un lado de la cinta y las secciones de mantenimiento y terminación en el otro lado. Experimente y decida qué velocidad y ritmo le resultan mejor.

Tome el tiempo que precisa para grabar. La mayoría de la gente tiende a hablar demasiado rápido al comienzo, o no permite que haya suficientes pausas en la sesión para experimentar las sensaciones a cabalidad. En el texto se ofrecen algunas pautas a este respecto, de modo que, al grabar la sesión, es útil tener un reloj a la mano. Y ante todo, ¡diviértase con este ejercicio!

Si graba el ejercicio y lo escucha por la noche cuando se está durmiendo, le servirá para acentuar cualquier otra práctica de vidas pasadas que esté realizando. Puede hacerlo durante el día, y luego escucharlo en la noche mientras se duerme. Tras una semana de hacer esto observará resultados dinámicos. Desarrollará flexibilidad mental y hará más efectivo todo el trabajo de vidas pasadas explicado en este libro.

Una de las formas en que puede utilizarse es como amplificador de los ejercicios del árbol de la vida:

1. Realice el ejercicio de la galería de la vida como preludio y calentamiento para el trabajo con el árbol de la vida.

2. Por la noche, mientras se duerme, escuche la regresión pregrabada. No se preocupe si se duerme. Simplemente está utilizando esta regresión para acentuar las exploraciones que realiza mientras está despierto.

3. Luego, durante los siguientes tres días, realice la exploración de vidas pasadas del árbol de la vida como ya se explicó.

4. En cada una de las tres noches correspondientes, utilice la regresión pregrabada para amplificar los efectos.

5. Preste mucha atención a sus sueños durante estos días, sobre todo a las emociones generadas en escenarios oníricos. Le revelarán mucho acerca de la avenida específica que está explorando a través del árbol de la vida.

(Este ejercicio, a semejanza de todos los demás, puede realizarse ya sea solo o en combinación con los otros. Con un poco de práctica, encontrará una combinación que le resulte efectiva).

Primera parte: Inducción básica

"Siéntese en una posición cómoda... Coloque los pies sobre el piso y las manos sobre los muslos *(para su sesión personal, si lo desea puede darse instrucciones de recostarse en lugar de sentarse).* ... Ahora déjese relajar... Deje que sus ojos se cierren, pues esto le ayudará a evitar las distracciones externas... Ahora relájese... Piense en la palabra relajación como nunca antes ha pensado en ella... Porque ahora va a permitirse un tipo de relajación muy tranquila... Es una relajación que lo llevará por todo el cuerpo, desde la punta de los pies hasta la coronilla... Es una relajación que lo tranquilizará y abrirá su mente a las maravillas que hay dentro de usted... De modo que déjese relajar... Completamente relajado... En un instante le pediré que se concentre en la respiración... Simplemente inhale... y exhale... inhale... y exhale... inhale relajación... y exhale tensión... inhale... y exhale... y deje que todos los músculos de su cara se aflojen por completo... inhale... y exhale... sienta cómo los músculos de los hombros comienzan a aflojarse y a relajarse... inhale... y exhale... a medida que siente que la relajación se extiende por el cuello y por los hombros... inhale... y exhale... a medida que siente que la relajación penetra los músculos de sus brazos, dejando que se sientan tan flojos y naturales... inhale... y exhale... inhale... y exhale... a medida que todos los músculos de la espalda comienzan a aflojarse y a sentirse bien... es una sensación tan agradable... tan serena... se sienten tan sueltos... inhale... y exhale... y deje que los músculos del pecho se relajen... Se siente tan agradable respirar... sin ningún esfuerzo... tan relajante... inhale... exhale... y sienta cómo la relajación penetra los músculos del estómago y se extiende por los muslos... inhale... y exhale... a medida que la relajación se extiende por los músculos de la pantorrilla y llegue abajo, hasta sus pies cansados... inhale... y exhale... a medida que cada músculo y fibra de su cuerpo se siente tan agradable y tan confortable y tan relajado... todo su sistema nervioso está enviando sensaciones calmantes a cada parte de su cuerpo... siga respirando normalmente... relajándose profundamente".

(Aquí haga una pausa de entre 30 y 60 segundos y luego proceda directamente con la lectura de profundización).

Segunda parte: Profundización

"Ahora voy a contar desde diez hasta uno, y cuando llegue al número uno estará completamente relajado... se sentirá tan cómodo... en todos los sentidos... Comenzaremos ahora... 10... Está sentado cómodamente en su silla, simplemente descansando...

Escuchará mi voz hablándole todo el tiempo, pero no lo molestará... Sentirá que, a medida que permanece allí sentado, su mente se vuelve más y más somnolienta... Tratará de no pensar sobre lo que le estoy diciendo, pero escuchará todo lo que digo... Cualquier ruido que sienta parecerá muy lejano y no le interesará para nada... Ahora concéntrese en los pies... Deje que se relajen... Sienta una sensación cálida y calmante que se funde en ellos y se extiende hasta los tobillos... Esta sensación es cálida y relajante... y comienza a calmar los tobillos y a fluir por ellos hasta las pantorrillas... Fluye lenta y serenamente por las rodillas y se extiende hasta los muslos... y todos los músculos y nervios se sienten flojos y sueltos... 9... A medida que le voy hablando, siente que la sensación de pesadez en las piernas aumenta y, con cada inhalación y exhalación, siente que se hunde lentamente... Cada vez se siente más somnoliento... Una parte de su mente está dormida y sin embargo sigue escuchando todo lo que digo... Se siente tan agradable relajarse... 8... Se siente mucho mejor ahora a medida que sus músculos pélvicos comienzan a responder a esa sensación cálida y calmante... Siente que le penetra los órganos internos con una calidez tranquilizante, y experimenta una sensación tan grata... se siente tan supremamente sereno... Es una sensación tan maravillosa... 7... La relajación se extiende ahora por los músculos del pecho... Cada nervio y fibra comienza a relajarse incluso más profundamente... Su respiración es tan tranquilizante... tan carente de esfuerzo... y se siente tan agradable... 6... Su condición mental es de descanso tranquilo... Lo único que desea es hundirse más y más y sentirse cada vez más somnoliento... Está descansando tranquilamente y en completa paz... Nada puede preocuparlo ni nada lo molestará... Está relajado... 5... Comenzando por los músculos inferiores de la espalda, dirija esa sensación cálida y calmante hacia las vértebras inferiores... Experimente la sensación de calma y relajamiento... se extiende hacia arriba, una vértebra tras otra, hasta llegar al cuello... Se siente tan flojo... tan suelto... tan sereno... Todo su torso se siente tan bien... tan supremamente agradable... y cualquier ruido exterior sólo sirve para relajarlo aún más profundamente... 4... Ahora las puntas de sus dedos están respondiendo a su orden de relajarse... Experimente esas sensaciones tranquilizantes que se extienden hacia la muñeca... hacia los antebrazos... hacia los brazos... Se siente tan bien... 3... No le interesa nada salvo la relajación y lo que esta puede hacer por usted... Se siente cada vez más somnoliento... se hunde más y más... Su cuello se siente tan flojo y suelto... todos los músculos, nervios y fibras están tan relajados... se siente tan agradable... 2... El relajamiento se está extendiendo ahora hasta la quijada... dejándola floja, suelta y descansada... Todos los músculos faciales se sienten tan relajados... Los párpados se sienten tan bien... tan bien... 1... El cuero cabelludo se siente tan bien ahora... Sienta cómo cualquier tensión restante sale de su cuerpo por la parte superior del cráneo... Todas las tensiones y todas las preocupaciones... todas las preocupaciones del día pueden dejarse de lado ahora y simplemente olvidarse... Está comenzando a aprender cómo dejarse ir del todo... hundirse hasta un estado de relajación profunda... profunda... Se siente tan tranquilo... se siente demasiado cansado para preocuparse por nada salvo lo que puede lograr mediante la relajación... Siente que se hunde... más... más... hasta un estado de relajamiento profundo... profundo...".

(Aquí haga una pausa de unos 20 a 30 segundos y luego proceda con la lectura de la tercera parte. Dependiendo de cuánto tiempo demoró con esta parte, el resto de las instrucciones autohipnóticas pueden caber mejor en el otro lado de la cinta. El hacer una pausa para darle la vuelta a la cinta puede interrumpir brevemente el estado de relajación, pero no lo bastante como para entorpecer todo el proceso).

Tercera parte: Mantenimiento y utilización

"Y ahora le voy a hablar... y a medida que le hable, se relajará aún más profundamente... Le pediré que se imagine determinados escenarios... Esta imaginación lo relajará más profundamente... Lo hará sentir muy bien en todos los sentidos... Sentirá que se vuelve más y más somnoliento... relajándose más y más profundo... Podrá observar los escenarios sin emotividad y con cierto alejamiento... Lo relajarán, inclusive al experimentarlos...

"Imagine que está en la parte superior de una alta escalera dorada... Tiene la mano sobre la barandilla, y se prepara para descender... Sabe que, a medida que descienda, se relajará incluso más profundamente de lo que está ahora... Ahora voy a contar desde cinco hasta uno y, a medida que lo haga, usted comenzará a bajar las escaleras... Se relajará más profundamente, y podrá salir de usted mismo para apreciar nuevos aspectos sobre su ser... Vamos a comenzar... 5... Empieza a bajar suavemente las escaleras... Cada paso lo relaja más y más profundamente... A medida que desciende suavemente, se asombra de cuán maravilloso se siente estar tan relajado... 4... Parece volverse más y más ligero con cada paso que da... Casi se siente como si estuviera pisando nubes ligeras que lo bajan suavemente... Está tan relajado y se siente tan ligero que apenas si roza los escalones... a medida que baja... baja... baja... 3... Se mira los pies y observa que ni siquiera están tocando los escalones... Está tan relajado que ahora está flotando hacia abajo... más abajo... relajándose más y más... Le sorprende comprobar cuán libre se siente... y empieza a entender que con la relajación viene la libertad de abrir la mente a cosas maravillosas... 2... Puede ver el último peldaño... Se relaja aún más profundamente a medida que se aproxima flotando suavemente hacia el fondo... Es una sensación tan tranquilizante... sentirse libre de la atracción de la gravedad... sentirse libre del peso de lo físico... Nunca se imaginó que podía sentirse tan relajado... 1...

Muy suavemente sus pies tocan el piso... Está completamente relajado y extremadamente cómodo en todo sentido...".

(Aquí haga una pausa breve, de entre 15 a 30 segundos).

"Véase a usted mismo de pie en un gran recinto circular... A medida que observa en torno suyo, ve que hay un espejo grande, de cuerpo entero, en medio de la habitación... Se acerca, todavía maravillado de la ligereza de sus pasos... Cuando está frente al espejo, ve su propio reflejo... Se asombra al ver cuán bien se ve cuando está relajado... Al mirar el espejo, la imagen se distorsiona, y ve un reflejo de lo que era usted hace cinco años... Recuerda lo que estaba haciendo entonces... La imagen es tan fuerte que usted intenta tocarla, pero se desvanece y desaparece...". *(Pausa).*

"Aparece otra imagen, y usted se ve hace 15 años... Mire la ropa... Recuerde esa moda... Recuerde lo que estaba haciendo entonces... *(Haga una breve pausa)*... La imagen vuelve a desvanecerse y ve un reflejo suyo cuando estaba en la secundaria... Observe el peinado... Observe la ropa... ¿Qué recuerdos le trae sobre esa época de su vida?...". *(Pausa).*

"Los recuerdos lo relajan aún más profundamente... A medida que ve cómo las imágenes se desvanecen y cambian, comprende que este espejo le está mostrando los reflejos de aquello que ha contribuido a forjar su personalidad actual... *(Pausa)*... La imagen se vuelve a desvanecer y luego se forma un reflejo de usted el primer día de colegio... ¿Qué lleva puesto?...¿Cómo se siente?... ¿Qué actitud asume su familia?... ¿Cómo se siente al entrar al salón de clases?". *(Pausa).*

"La imagen se vuelve a desvanecer hasta que desaparece... Respira profunda y relajadamente... Estas imágenes intensifican su sensación de bienestar y lo relajan aún más profundamente... El espejo se llena de colores que giran... Mientras los colores se mueven y danzan, siente que se relaja más profundamente... más profundamente... y se siente más confortable... Los colores danzantes se desvanecen y comienza a configurarse una vaga imagen... La imagen está distante y usted comprende que no proviene de ningún recuerdo de su vida presente... Observa mientras se cristaliza la imagen... Coloca una mano sobre la mejilla, sin saber a ciencia cierta lo que ocurre... y aunque la imagen es vaga, imita su movimiento... Y usted se da cuenta de que esta imagen corresponde a usted mismo, pero es usted en el pasado... Lentamente, suavemente, la imagen toma forma ante usted...". *(Pausa)*.

"Ahora le voy a hacer preguntas sobre esta imagen, y con cada pregunta se relajará más y más profundamente y la imagen se volverá todavía más nítida... Confíe en sus impresiones... Haré una pausa después de cada pregunta para permitir que sus impresiones se cristalicen completamente... Imagine el reflejo ante usted... Véalo, siéntalo y dése cuenta de que es real... ¿Es hombre o mujer?... ¿Cómo es su ropa?... ¿Indica la ropa una posición social o financiera?... ¿Qué área del mundo se refleja?... ¿Cuál es la emoción primaria que siente el reflejo?... ¿Se ve esta persona contenta, triste, satisfecha?... ¿Revela la vestimenta un marco cronológico particular en el cual ocurrió esta vida?... ¿Cuál fue el principal logro de esa vida?... ¿Cuál fue el princpal fracaso?... ¿Qué quedó sin resolver que lo está afectando en el presente?...

"Mientras observa esta imagen y su trasfondo, sentirá que sigue estando profundamente relajado... Tómese algunos minutos para estudiar la imagen y descubrir cómo lo está afectando ahora y qué otra persona de esa vida se refleja en su presente...". *(Haga una pausa de entre tres y cinco minutos para permitir que los recuerdos emerjan, y luego proceda con la lectura de la última fase)*.

Cuarta parte: Terminación y salida

"A medida que observa las imágenes en este espejo, se da cuenta de que nuevos significados se revelarán en los próximos días...

113

Sigue relajado y cómodo, incluso al haber hecho estos nuevos descubrimientos... La imagen se desvanece y se ve a usted mismo de pie ante su reflejo de la actualidad... Respira profundamente, relajado y cómodo... ahora, dentro de algunos momentos, voy a contar de uno a tres, de modo que, cuando diga tres, usted podrá abrir los ojos y sentirse completamente despierto... Recordará todo lo que ha experimentado... Habrá despertado a percepciones aún más profundas... Se sentirá lleno de energía... Se sentirá revigorizado y revitalizado... Se sentirá rejuvenecido y descansado... como si hubiera tomado una larga y tranquila siesta... Estará en completa armonía... Se sentirá más saludable... mejor... y más fuerte... más saludable... mejor... y más fuerte en todos los sentidos... Como se relajó tan profundamente, su mente estará aguzada y alerta... Podrá pensar con más claridad y creatividad... Vamos a comenzar... 1... Se está sintiendo muy descansado... Su cuerpo se siente muy tranquilo... Ha podido relajarse profundamente y ha sido esta habilidad la que le ha permitido despertar recuerdos de vidas pasadas... En el futuro, descubrirá que cada sesión será incluso más relajante y traerá mayores recompensas... 2... Comienza a sentir energía y vida fluir a todas las partes de su cuerpo... La sangre comienza a circular hasta los brazos... las piernas... el torso... Comienza a sentirse fuerte... vivo... lleno de energía y vigor... Recuerda todo lo que ha experimentado... e incluso nuevas percepciones se revelarán en los próximos días... Se siente alerta y despierto... Se siente perfecto... emocionalmente perfecto... físicamente perfecto... mental y espiritualmente perfecto... Experimenta una sensación profunda de bienestar y un vínculo con el pasado... Se siente íntegro... más saludable... listo para afrontar cualquier cosa que se le presente... Sus ojos se sienten frescos y descansados como si despertara de una larga siesta... 3... Todo su cuerpo, su mente y su alma se sienten refrescados... Ahora abra los ojos, sintiéndose bien y lleno de asombro y felicidad".

8

Descubrimiento de vidas pasadas mediante radiestesia

*E*l *Random House Dictionary of the English Language* define la radiestesia como *la búsqueda de fuentes subterráneas de agua, metal, etcétera con una varita adivinadora*, pero esto no cubre los aspectos más sutiles de este arte antiguo. El arte de la radiestesia parece haber tenido especial aceptación en las comunidades de base de muchas naciones, y en muchas de ellas conservan el recuerdo de un hombre caminando por un potrero sosteniendo una horqueta en las manos. Hoy en día esta práctica está cobrando un nuevo impulso y comienza a popularizarse una vez más. Y las ideas en torno a ella están cambiando.

Casi todos los estados de Estados Unidos tienen capítulos de la Sociedad Norteamericana de Zahoríes, o practicantes de radiestesia. En muchos sentidos, estos capítulos sirven de puente entre los síquicos y los miembros de la comunidad científica. En tiempos más recientes la radiestesia ha trascendido la simple búsqueda de fuentes acuáticas. Esta práctica ha sido enseñada a los empleados de empresas de energía para ayudarles a desenterrar los cables de energía que necesitan. También se enseñó como un método de detección de minas a soldados que combatieron en la guerra de Vietnam.

La radiestesia ha recibido numerosos apelativos: brujería de agua, adivinación de agua, etcétera. Ha existido a lo largo de toda la historia escrita. Algunos zahoríes sugieren que la varita de Moisés, con la que golpeó una roca he hizo brotar agua de ella (Éxodo 17), no era otra cosa que un caso de radiestesia.

La primera ilustración existente de radiestesia después de la invención de la imprenta (circa 1454) data de 1550 y muestra a siete mineros que sacan y arrastran mineral de hierro mientras un zahorí con una horqueta hace prospección de los suelos en busca de nuevos depósitos... y *De Re metallica* (1556), de G. Agricola, también incluye una ilustración minera, en donde se observan, en un mismo cuadro, cinco zahoríes trabajando [1].

Pese a que siempre se ha tendido un velo de sigilo y misterio en torno a la radiestesia y al uso de varitas adivinatorias, esta reserva ha ido rompiéndose en los tiempos modernos. Personas de todo tipo están comenzando a utilizar la radiestesia para múltiples fines, desde localizar agua y encontrar personas desaparecidas hasta encontrar puntos de fuerza en el planeta, sanar, e incluso descubrir vidas pasadas.

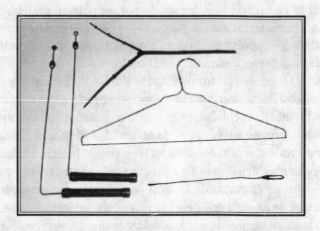

INSTRUMENTOS COMUNES DE RADIESTESIA

1   Howell, Harvey, *Dowsing for Everyone*, Vermont, The Stephen Green Press, 1979, p. 12.

Sigue habiendo mucho misterio en torno al funcionamiento de la radiestesia. Algunas personas creen que se trata simplemente de una reacción involuntaria del músculo ante un impulso externo que emana de la tierra o de otra fuente. Otros opinan que es un asunto de naturaleza puramente síquica. En este caso, la varita adivinatoria simplemente ayuda a afinar la propia percepción extrasensorial.

Al comienzo, casi todas las varitas eran de madera. La madera que más se utilizaba en su fabricación era el avellano. Por eso, la varita adivinatoria con frecuencia se conocía como "avellano de bruja". De hecho, las varitas de madera pueden tomarse de cualquier árbol, siempre y cuando tengan forma de *Y* y midan aproximadamente 60 centímetros. Hoy en día, los instrumentos de los zahoríes son de formas y materiales distintos. Pueden ser hechos de madera, plástico o metal. Hay varitas en forma de *L* y diversos péndulos; incluso un simple gancho para colgar la ropa puede utilizarse como un instrumento de radiestesia efectivo.

Las varitas de radiestesia suministran un vínculo con nuestra parte intuitiva. Son una extensión de nuestros ojos, pues nos dan pistas visuales que podemos reconocer más fácilmente que la intuición pura. Aunque algunos zahoríes estarían en desacuerdo, las varitas no tienen ninguna cualidad inherente especial. Son simplemente herramientas que ayudan a acentuar nuestra sensibilidad. Casi todos podemos aprender a practicar la radiestesia, siempre y cuando la abordemos con una mente abierta.

Radiestesia es el nombre más científico de esta práctica, que también se conoce como zahorismo. En nuestra sociedad tecnológica, existe la tendencia a aceptar las cosas como más legítimas si se les da un término científico. Sin embargo, la radiestesia es simplemente la adivinación o detección de una radiación de energía. Entraña el uso de un instrumento para localizar o determinar la fuerza de una radiación en particular.

Las varitas de radiestesia nos ayudan a comunicarnos con niveles de nuestra mente que tienen la capacidad de reconocer los campos energéticos sutiles que encontramos o atravesamos en nuestras vidas. Constantemente estamos interactuando con energías externas, sean estas las energías de otras personas o las diversas energías que componen la tierra y el cielo. La mayor parte de las veces no somos conscientes de esta interacción y, por lo tanto, no la admitimos.

La mente subconsciente no registra estas interacciones, no importa cuán sutiles sean. Los instrumentos de radiestesia simplemente nos ayudan a comunicarnos mejor con nuestro subconsciente. A través de ellos despertamos nuestros mayores poderes de percepción. Las herramientas de radiestesia se convierten en una extensión de nuestro subconsciente. Son un nexo entre el sistema nervioso (y la mente subconsciente que trabaja a través de él) y los campos energéticos con los cuales interactuamos. El sistema nervioso envía señales e impulsos eléctricos que hacen que el instrumento de radiestesia se mueva.

Esto es especialmente notorio en el caso del péndulo. La oscilación del péndulo es una respuesta ideomotora. Es causada por una acción involuntaria del músculo estimulado por la mente subconsciente a través del sistema nervioso simpático.

El sistema nervioso es nuestra red de comunicación interna. Nos envía señales y mensajes desde los diversos niveles de nuestra mente. Los instrumentos de radiestesia amplifican esas señales, permitiéndonos detectarlas y traducirlas con más facilidad.

Para poder aplicar la radiestesia al descubrimiento de vidas pasadas, tenemos que entender algunos aspectos sencillos de la energía humana. El ser humano es un sistema de energía, compuesto por una amplia variedad de emanaciones y campos energéticos. Estos incluyen, entre otros, luz, sonido, electricidad, magnetismo, calor, etcétera. La persona va dejando rastros de su energía donde quiera que vaya. Mientras más sostenido sea su contacto con un área en particular, más fuertemente la afectará su energía.

Este efecto puede entenderse más fácilmente al recordar su infancia. ¿Recuerda cómo se sentía la alcoba de sus padres? ¿Recuerda cómo la sensación era distinta de la de su propio cuarto o del de su hermano o hermana? Todos tenemos nuestra propia energía única, y nuestra energía afecta, de modos muy sutiles pero reales, las áreas en las cuales vivimos y las personas en nuestras vidas.

El descubrimiento de vidas pasadas se basa en la teoría de que hemos dejado fuertes rastros de energía en determinados puntos en el tiempo y en el espacio en que hemos vivido otras veces. Cuando recurrimos a la radiestesia en busca de esas vidas pasadas, estamos utilizando nuestras herrramientas para entrar en armonía con esos rastros distantes. Así como las aves migratorias trazan y siguen una ruta particular reconocible, nuestras vidas también han seguido un determinado camino. Y existen marcadores que podemos utilizar para rastrear el curso de nuestro propio trayecto. Esos marcadores son nuestras vidas pasadas.

Esta idea de rutas o rastros es semejante al concepto de líneas *ley* o de energía que tanta atención ha suscitado en tiempos recientes. Una línea *ley es una fuente invisible de energía que viene de lo alto, gira en un ángulo de 90 grados al tocar el suelo y luego recorre la superficie durante un cierto trayecto antes de entrar a la tierra* [2]. El punto en el cual toca la tierra es un centro de poder. *Los antiguos paganos en lo que hoy es Gran Bretaña establecían sus lugares de culto en centros de poder localizados mediante algún sistema de adivinación desconocido. Los paganos luego fueron remplazados por los druidas, quienes adoptaron los mismos lugares... Más tarde llegó la cristiandad y el altar fue remplazado por la fuente*

2   *Ibid.*

bautismal, cuya agua era santificada por el poder divino de la línea de energía que descendía sobre ella [3].

Nuestro tiempo en el plano físico puede asemejarse al flujo de estas líneas de energía y sus centros de poder correspondientes. Cada una de nuestras vidas crea un punto de poder en la tierra en el área en donde vivimos. Mediante la radiestesia, podemos descubrir esos puntos.

Ejemplo de línea cronológica

En el ejemplo de línea cronológica que figura a continuación, un asterisco (*) indica un punto en el tiempo en el cual usted puede haber dejado un rastro de su energía. A semejanza de una línea de energía, entramos en el plano físico y seguimos un curso de vida. Ese punto en el cual nos volvemos a conectar con la vida en la tierra es un punto de poder. Refleja una vida anterior, y es posible detectar esos puntos mediante la radiestesia.

```
            *     *           *         *         *
_____ ____ ____ _____ _____ _____ _
3000 a.C.          1000 a.C.   a.C. d.C.  1000 d.C.
_____
Edad de Bronce    Antiguos Imperios    Oscurantismo
```

Mientras más detallada sea la línea cronológica, más específicamente podrá detectar puntos de experiencias de vidas pasadas. Con un poco de práctica, al utilizar los métodos ilustrados en este capítulo, podrá determinar tiempos y lugares con gran precisión.

3   *Ibid.*

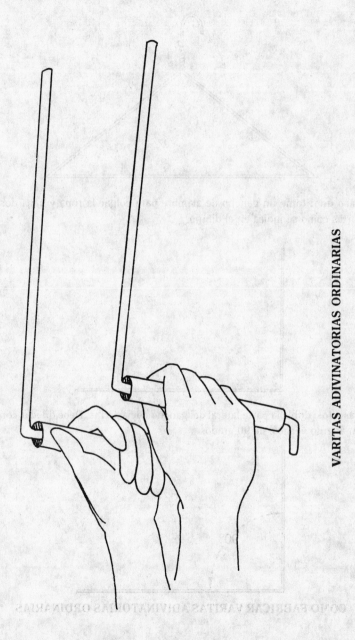

VARITAS ADIVINATORIAS ORDINARIAS

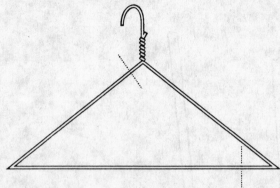

Paso uno: tome un gancho de alambre para colgar la ropa y haga dos cortes como se indica en el dibujo.

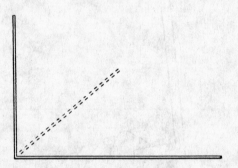

Paso dos: doble la parte lateral del gancho hacia arriba. Debe quedar con un ángulo vertical de 90 grados.

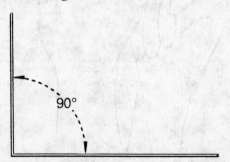

CÓMO FABRICAR VARITAS ADIVINATORIAS ORDINARIAS

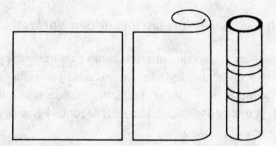

Paso tres: enrolle una tira de cartulina y péguela. Debe ser lo bastante dura como para agarrarla, y debe ajustarse sobre la varita vertical del gancho, pero que quede suelta.

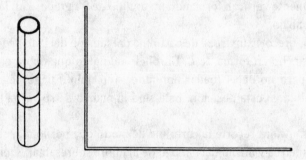

Pasos cuatro y cinco: deslice la manija de cartulina por la barra vertical, de manera que sobresalgan por lo menos dos centímetros y medio. Doble el alambre para que no se salga la cartulina. Voltee la varita.

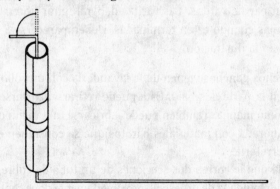

Cómo hacer y usar las varitas adivinatorias

Hacer y utilizar varitas de radiestesia para explorar vidas pasadas es sencillo y divertido. Todo lo que necesita para fabricarlas se puede encontrar en el hogar. Estas instrucciones le mostrarán cómo hacer dos tipos de varitas en *L*; el segundo ligeramente más complejo que el primero.

1. Tome un gancho ordinario de colgar ropa y haga dos cortes en los puntos que se muestran en la ilustración.
2. Doble la parte lateral del gancho de modo que quede completamente vertical, formando un ángulo de 90 grados con la parte de abajo.
3. Recorte un trozo de cartulina del tamaño del lado pequeño del gancho en forma de *L*. Enróllelo de modo que cubra el gancho, pero no debe quedar apretado, sino flojo. Luego pegue la cartulina en esta posición. Esta será la manija de su varita adivinatoria.
4. Ahora recorte la cartulina de modo que por lo menos dos centímetros y medio del gancho de alambre sobresalgan. Doble el alambre para que la manija no pueda salirse cuando la varita se encuentre en posición erguida.
5. Ahora repita este proceso con un segundo gancho para crear un par de varitas. Las varitas deberán girar libremente en las manijas cuando estén terminadas. Deben parecerse a las que figuran en la ilustración.

Muchos ganchos vienen de la lavandería con un rollo de cartulina en la parte de abajo. Este puede retirarse, cortarse y utilizarse como manija. También puede fabricarse una varita un poco más elaborada con materiales baratos que se consiguen en cualquier ferretería.

Pida que le corten dos secciones de un tubo de cobre de tres cuartos de pulgada de grueso y aproximadamente doce centímetros de largo. También necesitará dos tapas para cada sección. Taladre un agujero en cada una de las tapas, apenas lo bastante grandes para que pasen por ellos fácilmente las varillas del gancho de alambre. Asegure las tapas a los extremos del tubo recortado. Únteles un poco de pegante extra fuerte para asegurarlos en su lugar. Deslice las varillas por las manijas de modo que aproximadamente dos centímetros y medio sobresalgan por la parte de abajo. Doble esta parte ligeramente y tendrá una varita en *L* más fuerte y perdurable.

El siguiente paso consiste simplemente en aprender a utilizar sus nuevas varitas adivinatorias. El uso de las varitas en *L* difiere del de la rama en horqueta. La forma tradicional de utilizar la horqueta consiste en sostener los extremos bifurcados con las manos, con las palmas hacia arriba. Deben sostenerse con fuerza suficiente para contrarrestar la fuerza de gravedad. El extremo de la rama se mantiene un poco más alto que las manos. Luego se camina con pasos parejos y deliberados. Al acercarse a aquello que está buscando, la punta debe inclinarse hacia abajo.

En una búsqueda tradicional, las varitas en *L* se utilizan de modo semejante. Deben sostenerse al nivel de la cintura, con los codos a los lados. Las puntas deben estar ligeramente hacia abajo, suministrando resistencia gravitacional al movimiento lateral. Cuando se encuentra la fuente de energía, los extremos de las varitas en *L* o bien se abrirán, o se cruzarán. Esto varía según cada persona.

Ante todo es importante sentirse a gusto con las varitas y con su funcionamiento. Piense en cómo espera que respondan las varitas. ¿Qué quiere que indique un movimiento giratorio hacia afuera? ¿Qué quiere que indiquen las varitas cruzadas? Determine esto desde antes y recuérdelo cada vez que las utilice. Para algunas personas, el movimiento de las varitas hacia afuera puede indicar una respuesta afirmativa, o sí, mientras que el cruce de las varitas puede indicar una respuesta negativa, o no.

Programe las varitas para que le funcionen a usted. Manténgalas frente a usted y piense en la palabra sí. Concéntrese en ello hasta que las varitas giren de la forma que usted ha determinado para indicar sí. Luego haga lo mismo para no. Formule una serie de preguntas sencillas cuya respuesta sea sí o no.

En gran parte del trabajo de radiestesia, es importante aprender a formular preguntas cuya respuesta sea sí o no. Mientras más específicas sean las preguntas, tanto mejor. Por ejemplo, si les pregunta a las varitas o al péndulo si determinado alimento es comestible, es posible que le den una respuesta positiva. Si reformula la pregunta: "¿Es este alimento benéfico para mí?", puede suceder que las varitas respondan de modo muy diferente. El aprender a formular preguntas apropiadas es importante para puntualizar la información sobre vidas pasadas.

Cuando las varitas en *L* se utilizan para realizar una exploración de vidas pasadas, su uso difiere un poco del tradicional. Una varita en *L* se puede usar como indicador direccional. También necesitará algunos mapas. Una de las formas más sencillas de explorar vidas pasadas mediante radiestesia consiste en sostener el extremo de la varita en *L* sobre un mapa y permitirle señalar el área general de una vida pasada que lo está afectando en la actualidad. Al desplazar lentamente la varita en *L* sobre la superficie del mapa, el extremo se estabilizará y se aproximará a los puntos asociados con su pregunta: ¿En dónde tuve una vida pasada que me está afectando actualmente?

No olvide que debe formular preguntas apropiadas. Los interrogantes como: "¿En dónde tuve una vida pasada que me está afectando actualmente?", o "¿Dónde debo iniciar mi exploración de vidas pasadas?", o "Señale el área de una vida anterior importante", son efectivos.

También puede elaborar sus propias tablas de radiestesia, como las que figuran más adelante. Comience por determinar el continente ya sea utilizando el mapa completo o el diagrama de

Tome unas secciones pequeñas de tubería de cobre, con tapas para los extremos. Taladre agujeros en las tapas para que las varillas puedan pasar por ellos.

Asegure las tapas a las manijas de cobre. Deslice sus varitas adivinatorias por las manijas y quedarán listas para ser utilizadas. Asegúrese de que las varitas puedan girar libremente en las manijas.

CÓMO FABRICAR VARITAS ADIVINATORIAS DURADERAS

Utilizando mapas y tablas, puede pedirle a la varita en *L* que señale en la dirección de una vida pasada que lo está afectando en la actualidad. Puede elaborar sus mapas y tablas con distintos grados de detalle para determinar más precisamente la ubicación. Con un poco de práctica, podrá reconocer el juego sútil de vidas pasadas mediante su instrumento de radiestesia.

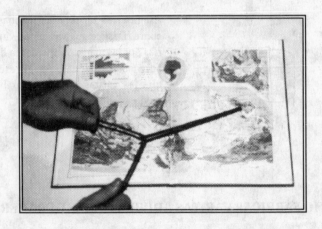

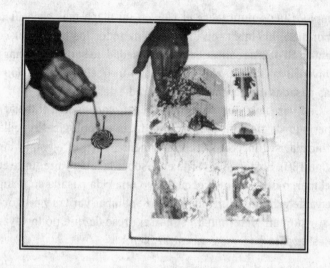

CUALQUIER INSTRUMENTO DE RADIESTESIA, INCLUSIVE UN
PÉNDULO, NOS PUEDE AYUDAR A LOCALIZAR MOMENTOS
Y LUGARES DE VIDAS ANTERIORES QUE NOS ESTÁN AFECTANDO
EN EL PRESENTE.

600 d.C.	700 d.C.	800 d.C.	900 d.C.	1000 d.C.	1100 d.C.	1200 d.C.

ejemplo. Luego puntualice el país en un mapa más específico o elaborando una tabla con un listado de todos los países por continentes. Si desea realizar esto con seriedad, le será útil iniciar un archivo de mapas y tablas que puedan usarse en exploración de vidas pasadas mediante técnicas de radiestesia.

Una vez haya puntualizado el lugar, comience a trabajar en el período de tiempo. Elabore una tabla cronológica, sencilla o intrincada, según considere conveniente. (Vea el ejemplo de la página 120). Sostenga la varita en *L* sobre la tabla y pregunte cuál es el marco de tiempo en el cual tuvo una vida pasada en el lugar que ya determinó. También puede usar ambas varitas y preguntas de sí y no para determinar esto. Asegúrese de que no lo vayan a molestar para poderse concentrar bien.

1. Comience pidiéndole a la varita en *L* que señale en la dirección de una vida pasada que lo está afectando en la actualidad. Luego puntualice la información mediante el uso de mapas más específicos.

2. En seguida determine el marco cronológico de la vida que tuvo en el área explorada. Puede utilizar una tabla específica, o simplemente formular preguntas específicas una vez determinado el siglo. Por ejemplo, si usted detectó una vida anterior en Francia en el siglo XIV, sostenga ambas varitas en *L* y haga preguntas como: "¿Nací en 1310? ¿En 1320?", etcétera. Recuerde que los instrumentos de radiestesia responden a preguntas de sí y no.

3. Luego, mediante la formulación de preguntas, explore los detalles de esa vida:

— ¿Era hombre o mujer?
— ¿Era rico?
— ¿Estaba casado?
— ¿Tenía familia?
— ¿Tenía un hijo? ¿Dos? ¿Tres?
— ¿Me ganaba la vida con algún oficio?

- ¿Hay miembros de esa familia que formen parte de mi vida actual?
- ¿Pertenecen a mi familia de ahora?

Formule cuantas preguntas desee y trate de ser lo más específico posible. Anote las respuestas en su diario de vidas pasadas. Con un poco de práctica, podrá detectar lugares, períodos y personas de su pasado en su presente. Podrá identificar lecciones, si las hay, que puedan estar asociadas con ellos.

4. La radiestesia no dará todas las respuestas, pero suministrará lo bastante como para que usted pueda, mediante la meditación y la reflexión, darle una nueva perspectiva a muchos aspectos de su vida presente.

Exploración de vidas pasadas con péndulos

El péndulo nació de la tradición de radiestesia. Un péndulo sigue las mismas líneas y principios de cualquier otro instrumento de radiestesia. El movimiento del péndulo suministra pistas que pueden utilizarse para extraer respuestas de la mente subconsciente.

Los péndulos se pueden hacer con objetos sencillos que encuentre en la casa. Con frecuencia se utilizan botones, anillos y cristales. Los mejores péndulos, sin embargo, son redondos, cilíndricos o esféricos. Funcionan más efectivamente si también son simétricos. En la página siguiente hay cuatro ejemplos de péndulos corrientes.

El objeto se amarra a un hilo, una cuerda, una pequeña cadena o algo similar. Para que sea realmente efectivo, debe colgar libremente y tener el peso suficiente para moverse.

Es fácil aprender a usar un péndulo o cualquier otro instrumento de radiestesia. Requiere tan sólo un poco de tiempo y de práctica en un lugar tranquilo. El primer paso consiste en sentirse

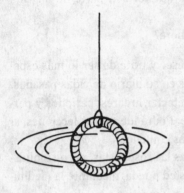

Anillo corriente con cuerda

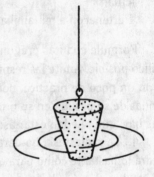

Corcho, aguja e hilo

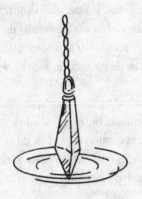

Péndulo de cristal
de cuarzo

Cadena corriente
con cruz

TIPOS DE PÉNDULOS CORRIENTES

cómodo con el objeto. Siéntese ante un escritorio o una mesa. Coloque los pies planos sobre el piso. Descanse el codo sobre el escritorio. Sostenga el péndulo por el extremo de la cadena entre el pulgar y el índice (como se puede observar en la página 129). Permita que cuelgue durante un par de minutos para sentir su peso. Ahora hágalo girar lentamente en círculos, en dirección de las manecillas del reloj. Permita que se detenga y luego rótelo en dirección contraria. Luego muévalo verticalmente, horizontalmente y en diagonal. Familiarícese con la sensación del péndulo.

El siguiente paso consiste en programar el péndulo para que responda de la forma en que usted quiera que lo haga. Así como decidió qué movimientos de las varitas en *L* indicarían sí o no, deberá hacer lo mismo con el péndulo. Decida si el movimiento vertical indicará sí y el horizontal no, o vice versa. Dígase: "Cuando formule una pregunta y la respuesta es sí, el péndulo se moverá (en tal dirección)". Haga lo mismo para la respuesta negativa.

Tómese varios minutos diarios para trabajar y experimentar con su péndulo. Recuerde que está programando su subconsciente para que le suministre insumos tangibles mediante el movimiento del péndulo. La dirección del movimiento, así como su intensidad y velocidad, tendrán un significado.

Para la exploración de vidas pasadas, utilice el péndulo con los mapas y tablas tal como lo hizo con la varita en *L*. En el ejemplo en la parte superior de la página 132, dirija el péndulo para que señale un continente donde usted vivió en el pasado, en una vida que lo está afectando en la actualidad. Enfoque. Concéntrese en la pregunta. Repítala mentalmente una y otra vez. La dirección del movimiento del péndulo suministrará la respuesta. Si el movimiento no es fuerte o claro, simplemente sostenga el péndulo encima de cada continente a la vez y formule la pregunta: "¿Tuve una vida anterior aquí que me está afectando actualmente?" Luego puntualice cada vez más la respuesta, del continente al país, etcétera.

Las fechas pueden determinarse de la misma manera. Una vez determinados el lugar y el tiempo, inicie el interrogatorio más profundo, como aprendió a hacer con las varitas en *L*. Concéntrese e intente definir patrones, fuentes y posibles soluciones de problemas específicos. Refiérase al punto 3 en la página 130. Con un poco de práctica podrá localizar y definir conexiones de vidas pasadas y sus relaciones con las circunstancias de su vida presente. Anote los resultados en su diario de vidas pasadas.

9

Ritos de paso

Cualquier discusión sobre vidas pasadas sería incompleta si no incluyera alguna reflexión sobre los dos principales misterios de la vida: el nacimiento y la muerte. El nacimiento y la muerte son los cambios más grandes que experimentamos, pero no son los únicos. El cambio ocurre en numerosos niveles y en muchos tiempos diferentes de nuestras vidas. Los cambios son bendiciones. Señalan un nuevo crecimiento pero, para poder apreciar la bendición que representa un cambio, debemos asumir la responsabilidad por nuestras vidas individuales y sus circunstancias en todos los niveles.

En muchas de las tradiciones antiguas, parte del proceso de iniciación entrañaba nacimientos y muertes simbólicas: ritos de paso. El estudiante de los misterios moría simbólicamente en una etapa de su vida para renacer en otra nueva. Esto era un rito de paso. No podía ocurrir renacimiento sin muerte.

Un rito de paso suele ser la celebración de una transición en la vida de una persona, y hoy en día todavía se practican variaciones de algunos ritos muy antiguos. El *bar mitzvah* judío es un ejemplo del rito de paso de la niñez a la hombría. Los bautizos y las dedicaciones en el momento del nacimiento son ritos de paso; honran y reconocen la transición de lo espiritual a lo físico. Los funerales también son ritos de paso en cuanto asisten al alma a hacer la transición de lo físico nuevamente a lo espiritual. Toda nuestra existencia en el plano físico puede considerarse como un rito de paso prolongado.

A todos se nos desafía para que soltemos lo viejo y creemos lo nuevo. Cada uno de nosotros a nuestra manera nos vemos desafiados por nuestras circunstancias de vida a que aprendamos nuevos aspectos de la lección universal de vida y muerte. Cada uno aprende a renunciar a lo viejo e iniciar lo nuevo, de modo que cada vida física puede considerarse como un rito de paso hacia nuevas alturas.

Si queremos aprovechar las oportunidades que brinda una experiencia semejante en el plano físico, tenemos que ampliar nuestro conocimiento de la vida y de sus procesos. Tenemos que comenzar a mirar el mundo como energía en diversas formas. Tenemos que aprender cómo opera la energía en nuestras vidas. Tenemos que reconocer que en nuestra verdadera esencia somos espíritu. Y si podemos hacer algo tan magnífico como tomar un cuerpo físico, entonces de seguro podremos aprender a manifestar mayor amor, prosperidad, satisfacción y abundancia en los cortos períodos que pasamos en la tierra.

El cuerpo no es la totalidad de la persona. Es un vehículo y, sin embargo, es esencial, porque será el foco y el beneficiario de nuestros pensamientos, obras, acciones y emociones. Su salud y sus habilidades dependerán de su buen uso y cuidado, una vida tras otra. Nos valemos del cuerpo físico en nuestro proceso de evolución.

Los cimientos de nuestra salud física, emocional, mental y espiritual preceden el nacimiento, e incluso la concepción. El niño nace en un hogar de acuerdo con percepciones de padres, herencia y entorno, vida pasada y lazos kármicos, y la fuerza de la oración, la actitud y la meditación.

Los procesos de nacer y morir son complejos. Necesitamos pasar por una cierta cantidad de experiencias antes de poder alcanzar nuestro más alto potencial. Escogemos un entorno para nacer que nos representará un desafío y nos enseñará cómo crear en el mundo a la manera de lo divino que habita en nosotros. Luego avanzamos a prepararnos para la siguiente oportunidad.

A partir del instante de la concepción, nuestro desarrollo y crecimiento sigue dos senderos. Comenzamos a desarrollarnos desde el cuerpo hacia arriba y desde el espíritu hacia abajo (véase el diagrama en la página 13). Somos duales, un espíritu inmortal y un cuerpo mortal.

Aunque venimos a este mundo como niños, el verdadero ser es sabio y desarrollado. Esta evolución espiritual es el resultado de una vasta experiencia, gran parte de la cual ha sido obtenida a través de nacimientos sucesivos en otros cuerpos físicos. Los frutos de esas vidas anteriores quedan en posesión eterna del alma. En cada nueva encarnación, traemos con nosotros las semillas de esas facultades. Dichas facultades, empero, deben ser despertadas y desarrolladas de nuevo, y deben ser expandidas al tiempo que nos esforzamos por adquirir nuevas capacidades.

Recuerde que, aunque haya desarrollado una habilidad o facultad en el pasado, eso no significa que esta se podrá despertar fácil e inmediatamente en el presente. Es una semilla que usted trae consigo en cada encarnación, para nutrirla de modo que crezca nuevamente. Tenemos, desde luego, libre albedrío, de modo que la decisión de utilizar esas semillas o no depende enteramente de nosotros.

Esto se puede comparar con una persona que aprendió a dar un salto mortal al revés cuando niño. Una vez aprendido el salto, esta persona no volvió a ejercitarse, a estirarse ni a practicar. Luego, 30 años después, el individuo intenta realizar el mismo salto, asumiendo que será fácil porque solía hacerlo de niño. Las posibilidades de que se lesione son enormes. Cualquier facultad desarrollada en el pasado debe ser vuelta a desarrollar y luego debe ser fortalecida, expresada de modo apropiado dentro de las condiciones del presente.

Desde luego, existen excepciones. Esto lo vemos con frecuencia en el caso de los niños prodigio. Pero incluso en estas instancias, tiene que haber desarrollo, disciplina, atención y expresión adecuadas. Si colocamos a un niño en el centro de un recinto y le gritamos y le decimos que es feo, estúpido y torpe, responderá de una de dos maneras. O bien se retraerá dentro de sí y nunca alcanzará su potencial completo, o se convertirá en un verdadero terror. Si tomamos a ese mismo niño y lo colocamos en el centro del recinto y le decimos que lo amamos, que es hermoso, que está bien equivocarse mientras se está creciendo y aprendiendo, el potencial que podría desarrollarse —los frutos del pasado que podrían manifestarse— sería enorme.

Nuestros pasados no pueden ser cambiados, pero el futuro está siendo configurado por nuestro rito de paso actual. El nacimiento y la muerte son los rituales que inician y terminan nuestro paso en nuestra existencia física. Si podemos cambiar nuestras perspectivas sobre el nacimiento y la muerte, surge una nueva actitud de respeto hacia nosostros mismos, nuestro mundo y nuestro potencial inherente e infinito. ¡Cuando cambiamos nuestras concepciones, cambiamos nuestro mundo!

Los misterios del nacimiento[1]

Y una mujer que llevaba un niño contra su pecho dijo,
Háblanos de los Hijos.
Y él contestó:
Vuestros hijos no son vuestros hijos.

---

1   Muchos grupos esotéricos, clarividentes y videntes han descrito los aspectos ocultos y sutiles del nacimiento y la muerte. Aunque no se han verificado realmente, explican mucho de lo que con frecuencia ha sido inexplicable. Estos aspectos espirituales ofrecen una perspectiva diferente de las maravillas de estos misterios y nos ayudan a entender los procesos dinámicos implicados en el proceso de reencarnación. Estas descripciones son una síntesis de diversas enseñanzas sobre esos temas. Para información más específica al respecto, consúltense las fuentes que figuran en la bibliografía.

Son los hijos y las hijas de los anhelos que la Vida tiene de sí misma.
Vienen a través de vosotros, mas no de vosotros, y aunque vivan
con vosotros no os pertenecen.
Podéis darles vuestro amor, mas no vuestros pensamientos.
Porque ellos tienen sus propios pensamientos.
Podéis dar albergue a sus cuerpos mas no a sus almas,
Porque sus almas moran en la casa del mañana, que ni aun en
sueños os es dado visitar.
Podéis esforzaros por ser como ellos, mas no intentéis hacerlos
como vosotros.
Porque la vida no marcha hacia atrás, ni se detiene en el ayer[2].

En el instante de la concepción, la esencia espiritual comienza
a prepararse para poder entrar en armonía con lo que eventualmente se convertirá en el cuerpo físico. Nuestra esencia espiritual
tiene una energía demasiado intensa para que se vincule instantáneamente a cualquier cosa física; por lo tanto, la vinculación se
realiza por etapas durante los nueve meses de embarazo. Se van
construyendo bandas sutiles de energía alrededor de la esencia
del alma, a fin de suavizar y filtrar su influencia sobre el vehículo
físico, de modo que pueda alinearse e integrarse más fácilmente
con él más o menos en el momento del nacimiento.

Esto se logra con la asistencia de aquellos seres que con frecuencia se describen como la jerarquía angelical. Este grupo incluye, entre otros, a arcángeles, ángeles, devas, espíritus de la
naturaleza y elementales. Casi todos los humanos todavía relegan
a estos seres al reino de la ficción y los cuentos de hadas, sobre
todo en esta época de predominio intelectual y científico.

2   De *The Prophet*, por Kahlil Gibran, copyright 1923 por Kahlil Gibran y
     renovada en 1951 por Administrators C.T.A., administradores del
     patrimonio de Kahlil Gibran, y Mary G. Gibran. Reproducido con permiso
     de Alfred A. Knopf, Inc., 1951. En español *El Profeta*, versión de Antonio
     Chalita Sefair.

La jerarquía angelical es tan real como nosotros, sólo que sus integrantes no tienen cuerpos físicos. Tienen cuerpos de una sustancia más ligera que son por lo general invisibles a nuestras percepciones autolimitantes. Existimos en un universo viviente, y casi todo lo bueno que conocemos —ya sea la belleza de la naturaleza, el regalo del nacimiento o las maravillas y bendiciones de la vida— se lo debemos a estos seres.

La humanidad es pretensiosa. Nos gusta creer que somos la forma más elevada de vida. Es cierto que tenemos una chispa divina, pero también la tiene un sinnúmero de otras formas de vida. Y hay muchas más que expresan esa chispa divina con mayor consistencia y alegría que nosotros. Nuestra conciencia se amplía cuando aceptamos la existencia de seres distintos a nosostros en apariencia física, pero unidos con nosotros en el servicio a las fuerzas divinas del universo. Las maravillas y los milagros de la vida —física y espiritual— se abren a nosotros cuando aprendemos a reconocer, reverenciar y amar los planos tanto visibles como invisibles de la vida.

En el nacimiento estos seres ayudan a construir nuestros nuevos cuerpos, sutiles y físicos, y le ayudan al ego de nuestra alma a integrarse a ese nuevo cuerpo. En la muerte asisten en el abandono del vehículo físico y la desintegración de su forma y energía.

Sus primeras tareas comienzan en el instante de la concepción. Se establece una esfera de influencia para ayudar a aislar al feto que se está desarrollando. El útero de la madre es magnetizado y armonizado. El sistema de energía de la madre, sobre todo en el área del útero, debe ser puesto en armonía vibracional con la energía del alma que se prepara para encarnar. Mientras se establece esta armonía, la madre experimenta náuseas matutinas.

La cantidad de armonía que se puede establecer dentro de la esfera de la madre y el niño ayuda en alto grado a determinar la calidad de la forma física. Esto también es influenciado por las leyes kármicas y la genética. Por lo tanto, si hay algo que el alma ha escogido afrontar físicamente durante la encarnación que se aproxima, puede darse una predisposición a una debilidad en esa área. Esto no significa que se manifestará: puede ser simplemente una predisposición, un recordatorio físico para el alma, indicándole que hay algo fuera de equilibrio.

El sistema de chakras está ajustado y alineado a las glándulas físicas y al sistema nervioso, así como a niveles de conciencia. Las chakras median toda la energía que entra o sale del cuerpo. Atan los cuerpos sutiles a lo físico, de modo que pueda ocurrir la integración de la verdadera esencia espiritual.

Cada chakra está alineado a funciones específicas y capacidades germinales, de acuerdo con el karma del individuo. De nuevo —dependiendo de qué se ha logrado en el pasado, qué lecciones se han escogido para el presente, etcétera—, la armonización y la integración de la esencia espiritual con el vehículo físico variará. Los parámetros han sido establecidos en el pasado. El que permanezcan así, se deterioren o sean desarrollados y extendidos dependerá de otras variables que se presentan una vez ocurrida la encarnación.

Este alineamiento es el potencial inherente. Recuerde, sin embargo, que venimos al plano físico a probar nuestras habilidades para permanecer equilibrados y seguir siendo creativos bajo cualquier circunstancia. Así, el alineamiento se puede alterar fácilmente para bien o para mal. Independientemente del desarrollo pasado, cada uno de nosotros tiene que forjarse las condiciones necesarias para alcanzar una mayor concientización y una iniciación más elevada. Esto significa que tenemos que redespertar, redesarrollar y expresar esos potenciales de energía en niveles aún más altos.

Los primeros tres meses entrañan la armonización y la construcción del patrón de forma física para el feto dentro del útero, de acuerdo con su propio y exclusivo propósito. Este período también entraña la creación de un poco de aislamiento de energías externas.

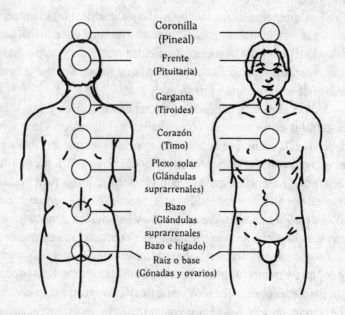

Coronilla
(Pineal)

Frente
(Pituitaria)

Garganta
(Tiroides)

Corazón
(Timo)

Plexo solar
(Glándulas
suprarrenales)

Bazo
(Glándulas
suprarrenales
Bazo e hígado)

Raíz o base
(Gónadas y ovarios)

SISTEMA DE CHAKRAS

Los chakras median toda la energía interna que entra y sale del cuerpo. Ayudan a distribuir la energía necesaria para nuestras funciones físicas, emocionales, mentales y espirituales.

Los chakras están armonizados con un nivel seminal o función particular, de acuerdo con el karma pasado del individuo. La tarea del individuo consiste en redespertar y expandirse en ese nivel.

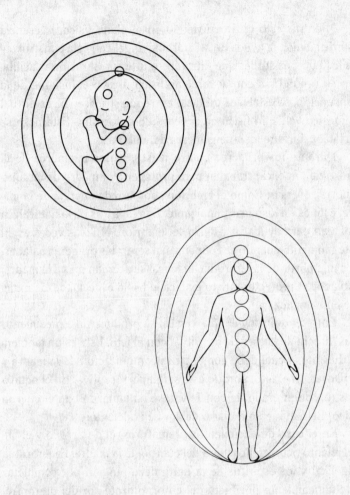

Dependiendo de la genética, el karma y lo que hayamos escogido afrontar en esta encarnación, los chakras y nuestros cuerpos sutiles se desarrollan y se alinean con el cuerpo físico en diversos grados de armonía. Esta alineación refleja las debilidades, las habilidades y los potenciales físicos, emocionales, mentales y espirituales con los cuales tenemos que aprender a trabajar. A medida que crecemos y nos desarrollamos, podemos activar y alinear mejor nuestras energías, permitiendo que florezcan las semillas del nacimiento.

Mientras esto está ocurriendo en el plano físico, la esencia espiritual (con la ayuda de la jerarquía angelical) está construyendo los cuerpos sutiles que filtrarán su intensa vibración y facilitarán su unión final con el vehículo físico. Desde el instante de la concepción, se establece un nexo entre nuestra esencia espiritual y nuestro vehículo físico en proceso de desarrollo. Este nexo se fortalece durante los nueve meses de embarazo.

Durante los primeros cuatro meses, varios miembros de la jerarquía angelical trabajan para proteger a la madre de circunstancias adversas. Como el embrión comparte la energía de la madre, esto es incluso más importante. Los espíritus de la naturaleza trabajan para ayudar a vitalizar el embrión. Muchas veces es en este momento cuando se comienzan a sentir las primeras patadas. Los miembros de la jerarquía angelical se acercan más a la madre, con actitud protectora. Esto explica el brillo especial de las mujeres embarazadas.

Entre el quinto y el octavo mes, se produce un alineamiento más directo de la esencia espiritual con el feto. Este es un momento durante el cual debe aumentar la comunicación de la madre y el padre con el feto, porque este será más receptivo. En el octavo mes, un buen grado de conciencia se ha alineado con el cuerpo físico. Esto aumenta a diario de aquí en adelante.

En el caso de nacimientos prematuros, el desarrollo y el alineamiento ocurren por fuera del cuerpo de la madre. La jerarquía angelical y los espíritus de la naturaleza pugnan por completar este alineamiento por fuera del entorno protector del útero. Aumenta la cantidad de espíritus que ayudan y sus esfuerzos se intensifican. Según muchas personas, esto explica la apariencia de hada que con frecuencia tienen los bebés prematuros.

Justo antes del nacimiento, los ángeles y los espíritus de la naturaleza se retiran. Sus esfuerzos se concentran ahora en estabilizar los cuerpos sutiles mediante el dolor del nacimiento. La unión total de la esencia espiritual y el nuevo cuerpo físico puede ocurrir en cualquier momento después de la concepción, pero lo más frecuente es que suceda aproximadamente en el momento del nacimiento. Una vez inhalada la primera bocanada de aire y separado el cuerpo del de la madre, este se convierte en una entidad distintiva y comienza su propio trabajo único.

A lo largo del embarazo, el alma ronda cerca de la madre y el cuerpo en desarrollo mientras los miembros del reino angelical trabajan para manifestar una nueva oportunidad para la encarnación. Mientras más atención prestemos, más conscientes estaremos del alma que está encarnando. Tanto la madre como el padre deben prestar mucha atención a los sueños durante el embarazo, pues con frecuencia revelan bastante acerca del alma que está encarnando. Así mismo, muchas veces revelan información sobre vidas pasadas y conexiones con esta alma.

Durante todo el período del embarazo debe haber oración, meditación y conversación con el alma que encarna. Envíele pensamientos de bienvenida y amor. Incluya a los ángeles y espíritus de la naturaleza que colaboran con el proceso, ya sea que esté consciente de su presencia o no. Adapte las anteriores meditaciones sobre vidas pasadas para descubrir su relación con este nuevo niño. Simplemente mire el cuadro y permita que la imagen del nuevo niño se revele detrás de su propia imagen. Visualice la imagen del pasado convirtiéndose en una imagen del presente en la cual usted abraza amorosamente a este niño. Esto ayudará a entender la naturaleza del niño que viene y sus conexiones con él en vidas pasadas. Mantendrá viva la belleza, la maravilla y la divinidad de la creación.

El misterio de la muerte

La muerte es el misterio indescifrable, la figura en las sombras portando un traje encapuchado. Muchos mitos muestran a la muerte como el segador lúgubre o el cochero atemorizante. La muerte ha sido presentada con muchas caras y, sin embargo, cuando se le comprende, tiene la llave de la inmortalidad.

La humanidad siempre ha contemplado la muerte con un sentimiento de enorme respeto y temor. Todas las civilizaciones antiguas tenían procedimientos ritualizados y conceptos referentes a este proceso. Muchas de las religiones antiguas utilizaban procedimientos específicos para ayudarle al individuo a encontrar el camino a través de los velos que rodean la muerte. Los egipcios y los tibetanos solían enterrar a sus muertos con manuales, para que el alma pudiera hallar su camino en el mundo subterráneo.

La muerte siempre ha inspirado temor. Es algo desconocido, y nos separa de aquellos a quienes amamos. La gente teme a la muerte porque puede truncar prematuramente carreras, ambiciones y anhelos. También se teme a la muerte por razones religiosas: la posibilidad de ser lanzado a un purgatorio para ser purificado o a un infierno eterno poco contribuyen a calmar este temor primigenio.

Mediante el estudio de la reencarnación, llegamos a entender que el cuerpo físico es sólo una vivienda temporal de nuestro verdadero ser. Morir no implica la muerte del ser o la cesación de nuestro espíritu. La muerte es una separación de los principios altos y bajos que tenemos en nuestro interior. Es abandonar lo físico, de modo que podamos asimilar nuestros aprendizajes y prepararnos para aprender nuevas y más importantes lecciones.

La muerte tiene muchas funciones. Libera de las cargas del cuerpo. Libera del sufrimiento. Suministra oportunidades de aprendizaje para quienes quedan. Brinda oportunidades de transición a estados de conciencia aún más elevados.

Existen dos formas de muerte: natural y no natural. Una muerte natural es un desprendimiento gradual del tejido energético del alma de lo físico. Este tipo de muerte ocurre cuando el karma de la encarnación se ha completado. Siempre es pacífica.

El segundo tipo de muerte es la no natural. Esta es la muerte que entraña enfermedad, patología, accidente, suicidio, etcétera. Puede ser tranquila o perturbadora. Morir como consecuencia de casi todas las enfermedades no constituye una muerte natural, aunque puede haber excepciones. La enfermedad muchas veces refleja un desequilibrio o falta de armonía en algún aspecto de los procesos de la vida.

Todos podemos aprender a salir de la vida física con plena conciencia. Con frecuencia se dice que el adepto muere como ha vivido: serenamente. Aunque algunos pueden pensar que esto es morboso, esta concientización comienza con la simple meditación sobre la muerte. Estudiar el proceso de abandono del cuerpo y visualizar el desprendimiento de los cuerpos físico y sutil resultan de gran ayuda. Tómese el tiempo necesario para imaginar la vida que tendrá después de esta. Asigne periódicamente algunos momentos para revisar su vida en reversa. Comience en el punto en donde se encuentra ahora y retroceda suceso tras suceso hasta el instante de su nacimiento. Visualícese e imagínese a sí mismo encontrándose y comunicándose con seres queridos que han muerto antes que usted. Véalo como una transición y no como un final.

A medida que se aproxima el momento de la transición de la muerte, el alma inicia las preparaciones para su salida del cuerpo. El cese de la vida física acciona un proceso en reversa de lo que ocurrió cuando esa vida física comenzó a manifestarse en seguida de la concepción. La conciencia se retira del cuerpo físico, pasa a los cuerpos sutiles y estos, cada uno a su vez, se van desprendiendo y desintegrando.

El tiempo que exige este proceso varía según la persona. El primer paso consiste en desentrañarse del plano físico y ajustarse al nivel etéreo. Esto suele tomar poco tiempo. Cualquiera que haya asistido a un funeral precedido por un velorio se habrá dado cuenta de una notable diferencia en la apariencia del cuerpo, incluso en un breve lapso de 24 horas. A medida que la fuerza vital sutil se desentraña y pasa al nivel etéreo, el vehículo físico irá reflejando los efectos.

Aunque el alma no puede volver a tomar posesión del cuerpo físico, está familiarizado con ese cuerpo. Con frecuencia, mientras está en la banda de energía etérea, el alma permanecerá cerca del cuerpo físico. A veces lo hace para brindar consuelo a quienes quedan. Otras veces simplemente no se da cuenta de que ya no forma parte de la vida física. En este último caso, es posible que realice esfuerzos frenéticos para volver a entrar en contacto con lo físico. Esto explica los fantasmas en los cementerios o la aparición de personas fallecidas en los lugares que solían frecuentar en su vida física.

Ningún alma hace el tránsito sin ayuda. Si es una muerte tranquila, por lo general los parientes y seres queridos que ya han fallecido se reúnen para ayudar.

Quienes mueren sin la oportunidad natural de prepararse, como sucede en caso de guerra o accidente, pueden reencarnar durante un breve tiempo para hacer una transición más natural. Algunas personas creen que esto explica el síndrome de la muerte en la cuna.

Otros que mueren inesperadamente —por accidente o incluso suicidio— reciben ayuda. Un grupo de la jerarquía angelical, a veces denominado los vigilantes, los ángeles de la noche o algún otro nombre, trabaja para asegurar que ningún alma haga el tránsito sin asistencia. Estos seres son considerados los más amorosos entre las entidades angélicas, pues quienes mueren de repente o por suicidio necesitan un amor y cuidados especiales para afrontar lo ocurrido.

Casi todas nuestras costumbres funerarias tienen un aspecto esotérico que está ligado al concepto de la vida después de la muerte. Como se mencionó, una vez cesa la vida física, el alma permanece cerca del cuerpo para desenredar todos los hilos. El alma es entonces separada del prana o fuerza de vida que normalmente extraería del sol a través del cuerpo físico. Así, extrae energía de otras fuentes. Es por ello que se prenden velas y se colocan flores alrededor. Estas suministran suficientes vibraciones energéticas sutiles para que se complete el proceso de separación. También evitan que la energía sea extraída de los vivos.

Muchas personas evitan asistir a entierros debido a las sensaciones extrañas que se asocian con ellos. Casi siempre, estas sensaciones no se originan en nosotros. Por lo general provienen de una de tres fuentes. En primer lugar, a medida que el alma se retira del plano físico, también lo hace el arcángel encargado de vigilar esa alma. Esto crea una sensación clara de vacío.

Por otra parte, se activan los reinos elementales. Su energía es muy fuerte y con frecuencia bastante tangible. Los elementales siempre están presentes y activos cuando la materia orgánica necesita ser animada o desintegrada. Muchas veces, las personas que asisten a entierros sienten su presencia, sin saber de qué se trata.

La tercera fuente de muchas sensaciones extrañas en los funerales es la presencia de quienes ya han muerto. Los amigos, parientes y seres queridos que ya no están en el plano físico se reúnen a asistir al alma que acaba de morir y a ayudar a consolar a quienes todavía están en el mundo físico.

Aunque el negro suele considerarse el color de la muerte, es un color muy aislante. Protege y evita la sensibilidad excesiva frente a estos juegos de energías sutiles que se manifiestan en los entierros.

A medida que el alma se retira del plano físico, comienza el proceso de evaluación y asimilación de sus experiencias de vida. Empieza a realizar las preparaciones para regresar a aprender nuevas lecciones. Crece en su concientización de que nunca nos separamos de aquellos a quienes queremos. Comenzamos a aprender que quienes han tocado nuestras fibras sensibles han ayudado a crearnos y siempre serán parte de nosotros. Aprendemos a acoger la vida con felicidad y abordar la muerte con asombro.

Cuando muera
Estoy seguro de que tendré un funeral grandioso...
Los curiosos...
vienen a ver si de verdad estoy muerto...
O sólo trato de causar problemas...[3].

Ejercicio:
Cómo entrar en armonía con el niño que viene

Los meses de embarazo son un excelente momento para entrar en armonía con el alma entrante. Puede descubrir muchas conexiones con vidas pasadas, además de cualidades y características del niño. Comience por prestar atención a sus sueños durante estos meses. Con frecuencia las emociones recurrentes en los sueños pueden reflejar la conexión emocional entre usted y el niño.

En el instante de la concepción, se inicia la formación del vínculo con la madre y el padre. Al comienzo su percepción sobre este proceso de vinculación puede ser débil y ambigua, pero se tornará más precisa a medida que avanza el embarazo. Es un momento excelente para dessarrollar las facultades necesarias para agudizar la percepción espiritual. El siguiente ejercicio le ayudará en este proceso.

1. Asegúrese de no ser molestado. Baje el nivel de luz y cierre los ojos. La fragancia de rosa es muy provechosa para este ejercicio. Realice una relajación progresiva y un poco de respiración rítmica.

---

3 Evans, Mari E., "The Rebel", *Our Own Thing*, Englewood Cliffs, NJ, Prentice Hall, 1973, p. 156.

2. Este ejercicio puede ser realizado por uno de los padres o por ambos. Si lo realizan los dos, la madre debe sentarse sobre el piso con las manos descansando sobre el vientre. El padre debe sentarse detrás, directamente contra la madre. Sus brazos deben rodearla y descansar sobre los de ella, o también sobre el vientre.

3. A medida que se va relajando, observa una luz suave que comienza a brillar desde su centro del corazón. Si realiza esta meditación con el otro padre, vea cómo brillan las dos luces al tiempo, intensificándose, uniéndose, entrelazándose. De esta luz emana ante usted una nube suave que comienza a tomar una hermosa forma brillante, de color blanco dorado. Considere esto como su esencia espiritual.

4. Mientras está sentado en esta posición, observe cómo esta forma eleva la mirada hacia los cielos distantes, como si estuviera buscando algo en particular. Entonces usted lo ve. Al principio es débil, pero luego una luz blanca se empieza a distinguir suavemente, arriba en los cielos. Véala como algo suave que casi irradia destellos sobre usted.

5. De esta luz comienza a descender una nube suave. Visualícela. Imagínela. Vea cuán perfecta y hermosa es a medida que desciende. Es como una pequeña burbuja de energía cristalina. Permita que descienda a su propia velocidad. No intente forzarla a que se le acerque más rápidamente.

6. Flota ante su propia esencia espiritual. Hay un breve instante de luz compartida como en un saludo, y luego la luz se coloca al lado de su esencia espiritual como si lo estuviera observando a usted. Flota en torno suyo, pulsando energía suave y hermosa. Y usted comprende que esta es la esencia espiritual del alma a la cual va a dar a luz.

7. Obsérvela. Fíjese en los colores. Fíjese en qué sentimientos surgen en usted mientras la observa. Formule mentalmente preguntas a esta alma que ha venido a saludarlo:

- ¿Qué entorno físico necesitará para poder crecer lo más posible?
- ¿Qué emociones suscita en usted?
- ¿Qué tipo de personas necesitará cerca de ella?
- ¿Cuál es su propósito?
- ¿Qué ha venido a aprender de usted y a enseñarle a usted?
- ¿Cuál es la mejor manera como usted le puede ayudar?
- ¿Hay colores que le resultarían beneficiosos?
- ¿Qué nombre le sería más adecuado para ayudarlo con su propósito?

(No intente forzar las respuestas. A medida que avanza el embarazo, aumentarán la claridad y la cantidad de respuestas).

8. Ahora envíe sentimientos de amor y bienvenida a esta esencia espiritual. A medida que hace esto, se aproxima nuevamente flotando hasta su esencia espiritual. Las formas y luces de ambas esencias se unen, fundiéndose con una intensidad de luz y una lluvia de colores del arco iris. Casi puede escuchar a los cielos entonar un cántico de felicidad ante esta unión creativa. Los dos pulsan, compartiendo sus energías y sus esencias, y se convierten en una sola forma.

9. Esta forma única, que brilla todavía más, se vuelve hacia usted y suavemente se funde de nuevo con su cuerpo físico. Un estremecimiento de alegría lo recorre, colmándolo de felicidad y asombro. ¡La luz en su corazón brilla con mayor intensidad! Y entonces lo siente. Una pulsación suave recorre su cuerpo. Usted no está seguro de si lo imaginó o no, pero en seguida las manos sobre el vientre lo vuelven a sentir. ¡Y su corazón da un salto!

10. Respire profundamente, dando la bienvenida y alegrándose ante esta maravillosa oportunidad. Y luego, muy lentamente, permita que su conciencia regrese a su estado normal.

10

Prueba de sus vidas pasadas

*E*n la exploración de vidas pasadas, es muy importante evitar el autoengaño. Esto se puede lograr aumentando su nivel de conocimientos y siendo muy honesto. Casi todas las vidas que nos están afectando ahora y que recordemos en nuestras meditaciones no serán vidas famosas. Lo más probable es que no sean atractivas, emocionantes ni dramáticas. Nuestro mayor crecimiento proviene de aquellas vidas en las que estábamos aprendiendo a cumplir con nuestros deberes y obligaciones diarias.

No le confiera un atractivo falso a sus vidas pasadas. Dése cuenta de que casi todos hemos tenido vidas con grandes habilidades, satisfacción y abundancia en todos los niveles. Casi todos también hemos tenido tipos de vida opuestos. Cada vida trae consigo sus propias lecciones únicas, pero no menos importantes que otras.

No se obsesione demasiado con sus vidas pasadas. Siempre debe tener como punto focal el presente. Si se da cuenta de que constantemente está hablando sobre sus vidas pasadas y describiéndoselas a otros, o que se apresura a llegar a casa todos los días después del trabajo para emprender otra exploración, está perdiendo su objetividad y debe cambiar de actitud. Es posible que esté utilizando la exploración de vidas pasadas como escape del presente.

También puede ser muy fácil interpretar erróneamente las vidas pasadas y sus influencias y correlaciones con nuestra vida presente. Esta es una de las razones por las cuales recomiendo llevar un diario de vidas pasadas. El acto de escribir obliga a la mente consciente a analizar y a examinar ciertos aspectos un poco más de cerca. Además, podemos luego revisar periódicamente las experiencias, y ver qué tan acertadas son nuestras interpretaciones.

Si utilizó la información obtenida a través de una existencia pasada para identificar y cambiar un patrón en su vida actual y no funcionó, quizá deba volver a reflexionar para establecer su verdadera conexión con el presente. ¿Se trata sólo de alguna fantasía subconsciente que surgió, algún deseo vehemente, o simplemente una aplicación incorrecta de la información? La clave está en la discriminación. Someta todo a prueba. Muchas veces la aplicación de la información de vidas pasadas a las circunstancias actuales es un proceso de ensayo y error.

¿Cómo evaluamos la validez de la información? Incluso si probamos que una persona con tal y tal nombre vivió en la época y el lugar descubiertos, eso no necesariamente prueba que usted era esa persona. Más importante que probar el aspecto histórico del descubrimiento de vidas pasadas es encontrarle un uso provechoso. ¿La información explica una situación de la vida presente y alivia la ansiedad que usted siente al respecto? ¿Le ayuda ese conocimiento a resolver un antiguo problema o a romper un patrón negativo? ¿Lo hace sentir mejor con respecto a usted o a alguien más?

Sólo usted puede determinar la validez de la información. No le crea a nadie más. Siempre busque una aplicación. Parte del proceso de evolución significa asumir una responsabilidad más activa en cuanto a lo que permita que suceda en su vida. Someta todo a prueba.

También es fácil confundir un juicio erróneo con un mal karma. Los asuntos triviales con frecuencia se excusan aduciendo algún hecho en una vida pasada. Hay quienes utilizan el karma para explicar o excusar todos sus caprichos o locuras en la vida presente. No olvide que asumimos una forma física para aprender nuevas cosas, así como para corregir las antiguas.

Recuerde que no tiene que estar consciente de las leyes de evolución, reencarnación y karma para realizarse y crecer. El simple hecho de vivir una vida positiva y creativa en el presente resolverá el pasado y establecerá patrones positivos para el futuro. Vivir de acuerdo con la profunda regla dorada de "haced a los demás...", buscando cumplir los deberes y responsabilidades de su vida y procurando ser útil, le permitirá avanzar en el camino de la evolución.

¿Qué hacer para que cada día sea productivo? ¿Cómo sabe si está progresando? ¿Cómo puede saberse si está trabajando de modo apropiado en el camino que le corresponde? La respuesta es sencilla. Formúlese una pregunta todos los días. Si puede responder sí a ella, entonces está creciendo y evolucionando. Si puede responder afirmativamente, significa que se ha colocado a sí mismo en la espiral ascendente de la evolución espiritual. Y esa pregunta es:

¿Hay alguna persona que se alegre de que yo haya vivido?

Preguntas corrientes

— *¿Los animales también encarnan?*

— Existen varias teorías a este respecto. Una de ellas dice que sí lo hacen, recopilando inteligencia y desarrollando personalidad y carácter, evolucionando hacia especies más avanzadas de animales, hasta el momento en que puedan albergar un alma. En ese momento, tienen la oportunidad de asumir una esencia muy primitiva de alma humana. Algunas personas dicen que los animales no tienen personalidad o carácter, sólo comportamiento instintivo. (Cualquiera que haya poseído y amado a una mascota sabe que esto no es cierto).

Hay quienes creen que existe un alma superior para todo el reino animal. Al morir, el animal simplemente se convierte en parte de un alma grupal, en lugar de volverse un ser individual. Algunos creen que mediante su asociación con la humanidad, los animales pueden desarrollar personalidad, inteligencia y carácter, y eventualmente pueden liberarse del alma grupal y convertirse en verdaderos individuos.

Sea cual fuere la verdad, debemos recordar que, como mínimo, los animales son representaciones simbólicas de una vida que es relativamente indefensa e inferior a nosotros. Podemos crear situaciones kármicas con animales con la misma facilidad con que podemos hacerlo con seres humanos. Todo contiene una lección, y parte de nuestro proceso evolucionario implica reconocer y honrar lo divino que habita en todas las formas de vida.

— *¿Qué sucede con los no nacidos? ¿Qué ocurre cuando el alma no puede entrar al plano físico debido a una pérdida o a un aborto? ¿Qué sucede cuando el cuerpo físico nace sin vida o no logra alcanzar su desarrollo embriónico completo?*

— Estas son preguntas complicadas pero muy corrientes. En tiempos más antiguos —como parte de los misterios de las mujeres— los secretos de los misterios prenatales y natales (físicos y espirituales) se transmitían de una mujer a otra. La mujer decidía, controlaba y determinaba el curso —si lo había— del embarazo. Infortunadamente hemos perdido contacto con muchos de esos aspectos, y la humanidad moderna con frecuencia sólo se concentra en lo físico.

Tales situaciones pueden ser kármicas, pero más que todo para el alma entrante. Es posible que haya necesitado experimentar algo para su propio desarrollo. Con frecuencia, en el caso de pérdidas, el alma decide —por una u otra razón— que el momento no es apropiado.

Recuerde que el alma comienza a alinearse con lo físico desde el instante de la concepción, pero que sólo inicia su verdadera función en el momento en que respira por primera vez. Una vez respira y el cuerpo es separado del de la madre, se convierte en una entidad distintiva y comienza su trabajo. Mientras está en el útero, no es una entidad distintiva. Es parte de la madre y comparte la vida con ella.

Si el cuerpo no tiene vida —por cualquier razón— el alma desentraña el alineamiento que lleve realizado y se retira al nivel cósmico a aguardar un momento y un lugar más apropiados.

Existen, desde luego, leyes naturales y espirituales que gobiernan la vida. Parte de nuestra evolución exige que aprendamos a trabajar con ellas y aplicarlas a nuestras circunstancias individuales. La destrucción del feto sí interrumpe la ley de la naturaleza, pero no tiene ningún efecto sobre el alma del niño. Cada persona debe tomar su propia decisión acerca de la validez y la moralidad de interferir con el proceso natural. Recuerde que la ley del libre albedrío también es una ley divina del universo.

— *¿Qué sucede si alguien muere prematuramente, por ejemplo como resultado de un accidente cuando todavía es un niño o un adulto joven?*

— Ninguna vida es un desperdicio, no importa cuán breve sea. El aprendizaje comienza desde el instante en que respiramos por primera vez. En las muertes prematuras, el alma regresará para completar su aprendizaje y su lapso de vida. Retornará más rápidamente a la tierra para completar lo que quedó por hacer.

— *¿Qué beneficio nos representa el no recordar nuestras existencias anteriores en nuestra vida presente? ¿Acaso no es como si no las hubiéramos vivido si no las recordamos?*

— ¿Realmente nos beneficiaría recordar todos los detalles de nuestros pasados? ¿Podríamos soportar la carga de errores pasados y seguir siendo capaces de concentrarnos en sacarle el mayor provecho posible a esta vida? La carencia de recuerdos de vidas pasadas es esencial para un nuevo y apropiado crecimiento y desarrollo. Podemos abordar las lecciones que nos imparte esta vida sin sentimientos de cupla y con una perspectiva fresca. Es más importante prestar atención al presente que rumiar sobre el pasado.

Además, somos la suma total de nuestros pasados. Muchas de nuestras habilidades especiales, intereses e indiferencias, agrados y desagrados, gustos y aversiones con frecuencia atestiguan experiencias pasadas. El recuerdo de vidas pasadas puede estimularse y desarrollarse como un poder espiritual, como hemos visto a lo largo de este libro, aunque muchas personas prefieren dejar tranquilo el pasado sin siquiera reflexionar sobre él. Incluso sin un desarrollo concentrado de esos recuerdos, de todas maneras, a medida que la persona envejece, se le presentarán destellos del pasado.

— *¿Es beneficioso consultar a un síquico para averiguar información sobre vidas pasadas?*

— Eso depende del síquico. Muchos son excelentes y muchos no lo son. Es importante recordar que nadie mejor que usted sabe qué es lo que más le conviene. Puede ser provechoso consultar a un síquico, pero no acepte a ciegas todo lo que le diga. Recuerde que, cuando usted busca a una de estas personas, se está colocando a sí mismo en una posición receptiva, y así es mucho más fácil ser influenciado. La clave está en la discriminación. Someta la información a prueba. ¿Es aplicable en su caso? ¿Le ayuda a entender o a afrontar algún aspecto de su vida?

Aunque he realizado un sinnúmero de regresiones hipnóticas y consultas sobre vidas pasadas, prefiero enseñarles a las personas a hacerlo por sí mismas. Esto les confiere una mayor responsabilidad en el proceso.

En múltiples ocasiones me han pedido leer los archivos akásicos de un determinado individuo. Los archivos akásicos son las huellas de todo lo que un individuo ha experimentado en el pasado y en el presente y hacia dónde lo conduce esto en el futuro. Casi todos los lectores de archivos akásicos en realidad están leyendo reflejos del pasado traídos por el individuo a la encarnación presente. La persona los lleva en el aura y en su composición etérea.

Las únicas personas que tienen acceso a su verdadero archivo akásico individual (su libro de vida) son usted, un verdadero maestro (que en la mayor parte de los casos nunca lo revelaría) y los seres divinos con quienes usted trabaja en su evolución. Incluso usted tendrá que ganarse la oportunidad de leerlo, pues entraña una enorme responsabilidad espiritual. Esto no significa que la información sobre vidas pasadas obtenida de estos lectores de archivos akásicos no sea cierta. Sólo entraña una interpretación errónea de su fuente.

— *¿Podemos determinar qué será la siguiente encarnación y dónde tendrá lugar?*

— Varias personas trabajan actualmente en progresiones hipnóticas en diversos lugares de Estados Unidos. Hasta el momento no se ha determinado nada concluyente. Si podemos reconocer los patrones de nuestra vida actual, podemos formarnos una idea sobre qué facultades llevaremos con nosotros a la siguiente existencia. En cuanto a determinar las circunstancias y el momento exactos, esto requiere un grado muy elevado de desarrollo espiritual.

Con frecuencia se escuchan historias sobre maestros de Oriente que predicen el momento en que retornarán al plano físico. Se dice que el Dalai Lama del Tíbet siempre sabe cuándo y dónde ocurrirá su próxima encarnación. Luego de su muerte y cerca del momento predicho, lo buscan entre los hijos del área en cuestión. Se realizan pruebas específicas en los niños para establecer cuál es la verdadera reencarnación. Parte de estas pruebas tienen que ver con la identificación de pertenencias personales que se conservaron después de muerto el Dalai Lama. Una vez identificado el niño, se le entrena para volver a despertar las semillas del aprendizaje y para ayudarle a desarrollarse aún más y así convertirse en un líder espiritual más poderoso.

— *¿Es bueno intentar la exploración de vidas pasadas con niños?*

— Como regla general, no lo es. En su mayoría, los niños, hasta un momento entre los cuatro y los ocho años, no están completamente arraigados en la experiencia de vida física actual. Una concentración demasiado fuerte puede retrasar este arraigo. Casi todos los niños tienen recuerdos espontáneos de experiencias pasadas que muchas veces mencionan casualmente sin concederles mayor importancia. Estos recuerdos espontáneos son esporádicos, pero suelen suceder sobre todo entre los dos y los cuatro años y luego se empiezan a desvanecer, pudiendo prolongarse hasta la pubertad hasta desaparecer del todo.

Para los padres puede ser provechoso realizar exploración de vidas pasadas con respecto a sus hijos. Los defectos congénitos, las condiciones crónicas, los temores irracionales, etcétera, con frecuencia tienen su origen en el pasado y son traídos hasta el presente. Las exploraciones de los padres, sobre todo mediante ejercicios como el que figura al final del capítulo anterior, pueden servirles para ayudar al niño a resolver o a manejar la situación de la manera más productiva posible.

Muchos padres se preguntan cómo pueden saber qué es lo mejor para el niño. Esto no es fácil; la crianza de cada niño variará. Los niños no pueden ser tratados de la misma manera todo el tiempo. Muchos padres dicen con frecuencia: "Si tan sólo entonces hubiese sabido lo que sé hoy". Quizá eso habría ayudado, pero por otra parte podría no haber sido provechoso en cuanto a las lecciones y a las experiencias de crecimiento por las que ese niño tenía que pasar. Nuestras intenciones tienen significado.

Los errores que cometen los padres en la crianza de los niños no necesariamente entrañan duras repercusiones. Parte de lo que nos enseña la reencarnación es un nuevo sentido de responsabilidad al tomar decisiones y actuar. En último término, debemos recordar que cualquier opción o decisión que tomemos tendrá consecuencias, algunas de ellas identificables y otras no. Parte de nuestra responsabilidad consiste en escoger, estando al tiempo dispuestos a afrontar las consecuencias, sean estas buenas, malas o indiferentes. Debemos recordar que, inclusive al cometer errores, mientras reconozcamos que no haremos eso otra vez, habremos aprendido y crecido.

— *¿Cuáles son los efectos del karma en casos de divorcio?*

— Muchas veces las personas culpan de sus problemas maritales a lecciones o a karmas del pasado. Como se mencionó anteriormente, el mal juicio no debe confundirse con un mal karma. En nuestra sociedad, es frecuente que nos apresuremos a casarnos sin darnos cuenta cabal de las consecuencias físicas, emocionales, mentales y espirituales que ello puede tener. Parte de la razón de los noviazgos y compromisos largos en los tiempos antiguos era asegurar el establecimiento de un vínculo apropiado antes del matrimonio. De hecho, muchos matrimonios arreglados sólo se decidían una vez determinadas las compatibilidades astrológicas y otras.

En el caso del divorcio, puede haber muchas lecciones, tanto obvias como sutiles. A veces los seres humanos aprenden por el camino difícil, especialmente cuando estamos buscando la vía fácil. Hasta tanto se resuelvan y entren en armonía todos los asuntos, las conexiones con el cónyuge pueden perdurar y pasar de una vida a la siguiente. Esto no significa, empero, que necesariamente volverán a ser cónyuges en la vida siguiente para resolver los conflictos. Es posible que los asuntos no resueltos puedan solucionarse más fácilmente mediante un tipo de relación diferente. Esto variará según la persona.

La gente sí debe tener cuidado en cuanto a las relaciones extramaritales. Independientemente de la inmoralidad que una persona le asigne a la infidelidad, hay una preocupación más importante. Aunque no se reconoce con frecuencia, el acto sexual une y entrelaza las energías de los dos individuos en un nivel muy íntimo, casi atómico. Un tercero —como la pareja de una relación extramatrimonial— verá su energía unida a las de la pareja de casados. Esto puede formar lazos kármicos con ambas personas y los problemas y lecciones que a estos competen.

Este problema muchas veces puede evitarse al asegurar que cualquier unión íntima, sexual, no ocurra sino luego de la separación y el divorcio. Esta precaución ayuda a evitar que las energías del tercero en cuestión se enreden en las lecciones de vida de la pareja de casados. Las lecciones de los cónyuges serán exclusivamente suyas, como debe ser.

— *¿No es acaso la reencarnación anticristiana?*

— No. En el Nuevo Testamento existen varias referencias que indican que Jesús estaba muy familiarizado con las leyes y los principios de la reencarnación. Como se mencionó anteriormente, la ley de compensación está fuertemente reflejada en sus palabras, "aquello que sembréis, cosecharéis". En el evangelio según san Juan (8:58), Jesús les dice a sus discípulos: "Antes que Abraham naciese, era yo". Ambas afirmaciones constituyen fuertes indicios de conocimiento de la reencarnación.

— *¿Es bueno tratar de entrar en contacto con los muertos para confirmar la existencia de una vida ulterior?*

— El espiritismo moderno ha contribuido enormemente a probar la realidad de la vida después de la muerte. Los espiritistas creen que la comunicación con los espíritus cumple tres propósitos básicos: (1) probar la continuidad de la vida; (2) eliminar el temor a la muerte, y (3) recibir enseñanzas más elevadas. Un medium espiritista es una persona cuyo organismo es sensible a las vibraciones del mundo de los espíritus y a través de la cual inteligencias de dicho mundo pueden transmitir mensajes y producir diversos fenómenos.

La canalización y otras formas de comunicación con los espíritus se han popularizado bastante en los últimos tiempos. Muchas de estas comunicaciones tienen valor, pero muchas otras no pasan de ser lugares comunes ambiguos y vacíos. Al tratar de comunicarse con los muertos, puede haber una tendencia a atar a las personas ya fallecidas al plano terrestre (por lo general por nuestras propias razones egoístas y emocionales) en vez de permitirles avanzar en su propio proceso de evolución. Es preciso tener mucho cuidado.

También debemos recordar que el hecho de que una persona esté muerta no hace que sea más inteligente o sabia que cuando vivía. Debemos someter los espíritus a prueba.

Nuestro punto focal siempre deben ser el plano físico y la manera de manifestar nuestra esencia espiritual con más dinamismo de acuerdo con las circunstancias de nuestra vida. El seguir la orientación de un espíritu sin tener en cuenta la suya propia tan sólo le acarreará problemas. El contacto con estados no físicos también tiende a alejar la conciencia de las preocupaciones físicas.

Quienes han desencarnado, quienes son nuestros guías y maestros espirituales, no vivirán por nosotros. Esta tarea es en último término nuestra, y sólo nuestra. En el caso de una verdadera comunicación —ya sea con un ser querido que ha muerto o con un verdadero maestro espiritual—, los espíritus esperarán que los sometan a prueba. No dirigirán todos los aspectos de su vida ni solucionarán todos los problemas.

Epílogo

*L*a reencarnación restaura la justicia divina. Inspira fe y esperanza verdaderas y fomenta el entendimiento de la vida y la muerte, la gloria y la tragedia. Restituye el sentido a la vida y nos confiere una sensación renovada de amor divino. Restaura la realidad de la realización espiritual.

Algunos dirán que la reencarnación enseña fatalismo: "Si de todas maneras voy a ser castigado, ¿para qué tomarme la molestia?" Escogemos las circunstancias de nuestro nacimiento —el entorno, la familia y el tiempo— de modo que podamos aprender las lecciones que más necesitamos. Si fracasamos, debemos afrontar esas lecciones de nuevo en algún nivel, posiblemente en condiciones menos favorables. Mientras menos nos esforcemos, más fracasaremos y más difícil será la tarea.

El universo divino brinda a todos la oportunidad de crecer. El que la aprovechemos o no es decisión nuestra. Con cada decisión, existen dos posibilidades: éxito (y crecimiento) o fracaso. Si tenemos éxito, avanzamos a un nivel más elevado. Si fracasamos, no necesariamente perdemos. Simplemente tendremos que afrontar las lecciones una vez más, y otra, y otra —si es necesario—. Si seguimos perdiendo un mismo curso en la escuela y nos vamos quedando atrasados, acabaremos por aburrirnos con la situación y haremos algo al respecto. La reencarnación opera de modo bastante semejante.

Cuando comenzamos a entender este proceso, abandonamos nuestros temores. Perdemos nuestra culpa. Y adquirimos una esperanza y una expectativa renovadas. La reencarnación es simple y hermosa. Brinda respuestas. ¡En ella yacen las oportunidades de vivir por amor y crecimiento, y por lo divino que tenemos dentro de nosotros!

Bibliografía

American Society of Clinical Hypnosis, *Syllabus on Hypnosis and Handbook of Therapeutic Suggestion*, Education & Research Foundation, 1973.

Baker, Douglas, *Karmic Laws*, Northamptonshire, Aquarian Press, 1982.

Barnes, Peggy, *Fundamentals of Spiritualism*, Indianapolis, IN, Summit Publications, 1981.

Barrett, William, *The Divining Rod*, Londres, Methuen & Co., Inc., 1926.

Baum, Joseph, *The Beginner's Handbook of Dowsing*, Nueva York, Crown Publishers, 1973.

Cransten, Sylvia y Williams, Carey, *Reincarnation: A New Horizon in Science, Religion & Society*, Nueva York, Julian Press, 1984.

Fischella, Anthony J., *Metaphysics—The Science of Life*, St. Paul, MN, Llewellyn Publications, 1984.

Fortune, Dion, *Through the Gates of Death*, Northamptonshire, Aquarian Press, 1968.

——, *Practical Occultism in Daily Life*, Northamptonshire, Aquarian Press, 1981.

Germinara, Gina, *Many Lives, Many Loves*, Nueva York, William Sloane, 1963.

Grinder, John y Bandler, Richard, *Trance-Formations*, Moab, UT: Real People Press, 1981.

Hilgard, Ernest y Josephine, *Hypnosis and the Relief of Pain*, Los Altos, CA, William Kaufmann, 1983.

Hodson, Geoffrey, *The Call to the Heights*, Wheaton, IL, Theosophical Pub., 1976.

——, *The Miracle of Birth*, Wheaton, IL, Theosophical Pub., 1981.

Howell, Harvey, *Dowsing for Everyone*, Brattleboro, VT, Stephen Green Press, 1979.

LeCron, Leslie, *The Complete Guide to Hypnosis*, Nueva York, Barnes & Noble, 1971.

Leadbeater, C. W., *The Hidden Side of Things*, Wheaton, IL, Theosophical Pub., 1974.

——, *The Inner Life*, Wheaton, IL, Theosophical Pub., 1978.

Lewis, H. Spencer, *Mansions of the Soul*, Kingsport, TN, Kingsport Press, 1954.

Merrill, Joseph, *Mediumship*, Indianapolis, IN, Summit Publications, 1981.

Nielsen, Greg y Polansky, Joseph, *Pendulum Power*, Nueva York, Warner Destiny, 1977.

The NSAC Spiritualist Manual, Cassadega, FL, The National Spiritual Association, 1980.

Pierce, Joseph Chilton, *The Magical Child*, Nueva York, E. P. Dutton, 1977.

Whitfield, Joseph, *The Eternal Quest*, Roanoke, VA, Treasure Publications, 1983.

Woodward, Mary Ann, *Edgar Cayce's Story of Karma*, Nueva York, Berkley Publishing, 1971.

Este libro se terminó de imprimir
en enero de 1995,
en los talleres de Tercer Mundo Editores,
Santafé de Bogotá, Colombia,
apartado aéreo 4817